创造自己

CHUANGZAO ZIJI

[美] 刘墉 / 著

刘墉青春修炼手册

接力出版社
Publishing House

桂图登字：20-2009-152
原出版者：台湾水云斋文化事业有限公司

图书在版编目（CIP）数据

创造自己 /（美）刘墉著. —南宁：接力出版社，2021.7
（刘墉青春修炼手册）
ISBN 978-7-5448-7209-6

Ⅰ.①创… Ⅱ.①刘… Ⅲ.①散文集-美国-现代
Ⅳ.①I712.65

中国版本图书馆CIP数据核字（2021）第117946号

责任编辑：马 婕 陈 楠 刘安莉　美术编辑：许继云　封面设计：叶 春
责任校对：张琦锋　责任监印：刘 冬　版权联络：金贤玲
社长：黄 俭　总编辑：白 冰
出版发行：接力出版社　社址：广西南宁市园湖南路9号　邮编：530022
电话：010-65546561（发行部）　传真：010-65545210（发行部）
http://www.jielibj.com　E-mail: jieli@jielibook.com
经销：新华书店　印制：河北鹏润印刷有限公司
开本：880毫米×1250毫米 1/32　印张：6.25　字数：140千字
版次：2021年7月第1版　印次：2023年9月第3次印刷
印数：18 001—23 000册　定价：47.00元

Contents

目录

第二章 风范

一个男人可能做不到，一个少年却能！

第三章　人生

太阳不拖，月亮不拖，星星不拖，人生也拖不得。

前　言

我们在评论艺术家时，常说：

“这是一位成功的艺术家，因为他创造了独特的画风！”

我们在评论政治家时，常说：

“他创造了民主、开明的形象，所以获得民众的拥戴。”

我们在评论导演时，常说：

“这是一位杰出的导演，他创造了特殊的戏剧风格。”

但是，我们不说：

“这是一个杰出的女人，因为她创造了美貌！”

“这是一个优秀的学生，因为他创造了聪明！”

“这是一个篮球天才，因为他创造了过人的身高！”

因为美貌、聪明、身高，都不是他自己创造的。只有当那美貌涵蕴优雅的气质，聪明发展为特有的长才，过人的身高加上杰出的球技之后，才算是他个人的成功。

那么，请问：

在你“人生的作品”中，你创造了什么？

你是照着起初生下来的样子，随着一般人浮浮沉沉地混日子，还是创造了属于你自己特有的气质、风格、技术、形象……

你不能以“与别人没什么不同”的自己存在！因为那没有真正地活出“你”来！

从现在开始，好好想想：你天赋的才能在哪里？你最有利的条件是什么？你未来的岁月有多长？然后决定自己的风格，选择自己的方向，活出一个真正的你——创造另一个自己！创造自己的前途！创造自己的自己！

原版自序

一九八八年底，我出版了《超越自己》，没想到这本以给自己孩子的信为骨干的书，居然获得热烈的反响，仅仅一年间就印了三十版。我想它之所以能引起这么大的共鸣，主要是因为年轻人的问题都差不多，从别人身上可以看见自己的影子，从别人父母的教训中，也能有很大的获益。

此外，现在的年轻人跟过去不一样了，他们不要听专制的教训，也不要填鸭式的宏论，要的是可以信服的说理。师长必须从孩子的身边找到好的例子，用民主而且合乎逻辑的模式来谆谆诱导。或许，《超越自己》与《创造自己》这两本书，正暗合了这个原则。

我不认为作品的成功是因为自己的写作技巧有多么高明，实在是因为那些文章，都植根在生活的土壤里，有血，有泪，更有爱。它们往往是我在面对孩子的问题时，痛心疾首之后振笔而书的。或许也正由于它们不是面红耳赤的怒骂，而是在我压平怒气，冷静下来后的产物，居然对我自己的孩子，都比当面训话来得有效。

这一年来，我的孩子确实又有了很大的改变，逐渐能像《超越自己》书中所强调的，克服了一些惰性，也对未来产生积极的态度。他开始主动参加“大学之夜”，了解每个大学的入学条件和申请奖学金的方法，他也更积极地参与课外活动，为歌剧伴奏，到校外演讲。当然，他更遭遇了许多挫折，承受了极大的压力。我发现压力对年轻人是有好处的，所以在书中说：

“其实压力是无所不在的，只要你自我要求，只要别人对你期许，自然就有压力。”

“……你不要认为成名的老手比较轻松，实际上人的名气愈大，包袱愈重。他们是扛着半生的荣誉上台，怎能不慎重呢？”

“压力虽然不好受，但是好！它只会使我们站得更挺、走得更稳，能够在未来承担更大的压力，产生更强的斗志，且从身体的内部、心灵的深处，激发出源源不绝的力量，走向人生的凯旋门！”

也正因此，在他面对强大压力而胃痛的时候，我只是递过去一个电热袋，并给他两颗胃药；在他熬夜念书的时候，我不再像以前一样坐在旁边操心，只是送杯牛奶，便转身进房先睡了。

当年轻人发觉父母不再总是在身边呵护时，他们不得不武装起来，面对自己的未来，就能够快速地成熟。所以在《踏上征途》一文中，我说：

“……一个成熟的人，最基本的表现，是他关心自己的前途，也创造自己的未来，他不再什么都指望父母解决，而有了独立思考的能力。他的思考，也不再停留在幼年时的幻想、少年时的梦想，而指向理想的实践。”

“你可以清楚地听见家里其他人的鼾声和桌上嘀嗒嘀嗒的钟响。你觉得孤独了！进一步发觉，恐怕在未来的人生中，父母不可能是永远的依靠……”

父母不能帮他们面对一切问题。我们必须把下一代推到人生的舞台上，让他们自己去演！如果说这本《创造自己》在精神上与《超越自己》有什么不同，应该是：《超越自己》是在后台，为孩子做上场前的装扮，并鼓励他克服恐惧，走上舞台。《创造自己》则是开始教他不但要站上舞台，演好这场戏，而且要演出自己的风格，留下永恒的回忆，享受台下的掌声，甚至接受闭幕后的落寞。

所以，《创造自己》，不但是创造下一代自己的面貌，创造属于他们的未来，更是建立他们精神的堡垒。

一个人只有表面的武装，而没有精神的武装，是无法面对未来多变的社会的！一个孩子长久被约束，而毫无体验外面生活的机会，也是不好的。

因此，读者可以发现，我居然准许孩子参加庆功舞会，到第二天凌晨才回家，我也并不极力反对他交异性朋友，但是我说：

“在西方社会，成人晚上带有少许酒味，是被人们接受的，但是如果早上带有酒气，则受到轻视。因为早上应该迎向工作，多么放肆的夜晚，也要在此刻结束。

“只有知道收束的人，才有资格纵情；只有早晨知道迎向光明的人，才可以享受一些夜的绮丽。”

我也叮嘱他在深夜归来时：

“……请送你上车的同学先记下出租车的车牌号……最好让司机看见，很可能你会因此避过一场灾祸。”

“……你看到电视上有关躲在码头仓库的年轻人的报道吗？十六七岁的孩子，逃家、吸毒、滥交。有些未婚的稚龄妈妈，把婴儿放在一旁哭，然后跑去接客。她们伤害了自己，伤害了孩子，断送了前途，甚至染上艾滋病而死。想想，如果在起初，他们有个防微杜渐的家长，会有这一天吗？”

是的！防微杜渐，在家长偶尔的放松之中，我仍然主张“暗地的监督”，随时纠正年轻人可能犯的大错；我也赞成“比”，虽然那是年轻人最不喜欢的——

“不要认为不去跟别人比，就能减少面对敌人的机会，也就能比较快乐，因为你不去比，别人却要来跟你比，这个世界也总是把大家放在一起比！”

“比，确实不是很愉快的经验。那不愉快，是因为打破了自己编织的‘满足的梦’，也可以说是使自己面对了现实。有什么事情比你面对敌人，当面交手，来得更真实呢？”

在这本书里，我教年轻人面对真实的世界，不自欺，不欺人。父母也不必哄骗年轻人，而应该展示给他们真实的世界，我甚至说：

“年轻的你呀，我们是无法赶上你的脚步了，我们也不打算拖累你的行动。毕竟你得自己面对眼前的坎坷与挑战啊！”

而在同一时间，我提出一个重要的理念：

“古人曾感怀地说‘树欲静而风不止，子欲养而亲不待’。其实若不是父母早逝，孩子怎可能没有侍养双亲的机会？对父母的侍养，何必非等自己成家立业之后？幼年时代的孝顺，何尝不是侍养？

“可惜子女往往只有自己当上父母，辛苦地付出之后，才感觉到做父母的不易，想回头报答，却因为自己的子女还需要照顾，而行无余力。等到孩子长大，自己有了力量，父母却已年迈辞世了。

“如此说来，孝养双亲最好的机会，不是反而在少年时吗？”

所以，这本书，不但是要年轻人站起来，而且要扛起来。由消极的受，到积极的予；由超越自己与生俱来的弱点，到创造自己最美好的人生！

二〇〇六年五月修订于纽约

第一章 自制

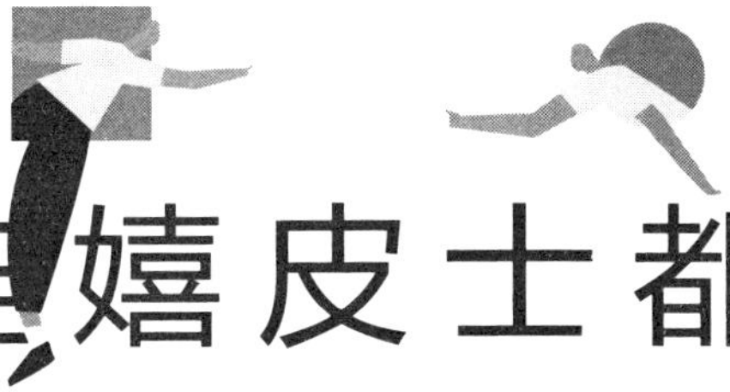

连嬉皮士都懂得自制。

刘墉青春修炼手册

爱的礼物

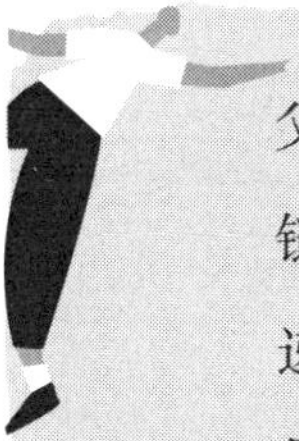

父亲对儿子说：“如果碰到了抢匪，要你的项链，千万不要犹豫，不要抗拒！把它摘下来递过去，它值不了什么钱的！”儿子没有遇见抢匪，却打算把那项链当小礼物，送给一位并未深交的女同学。

你伤了我的心！

因为听说你居然要把我送给你的玉坠项链，当作生日礼物，送给一个并未深交的女同学。而那项链却是在你十五岁生日时，我从脖子上摘下，当场为你挂上的。

尤其令我痛心的是，当你母亲责怪你时，你居然说：

“爸爸在送我的时候讲过，这值不了什么钱，所以我认为可以当个小礼物送人。”

这世上许多东西，都是不能以市场价值来衡量的，譬如最珍贵的“爱”，难道上面附有标价，是可以用一张张钞票买的吗？

“爱”非常抽象，它看不见，也摸不着，却能让人牵肠挂肚地在我们心里翻腾。当你最困苦时，可以因为想到那份爱，而感觉振奋；当你在孤独的时刻，也可以因为触及一件带有爱的纪念品，而感觉温馨。

那一条项链，不正是我给你的一件带有爱的纪念品吗？

你要知道，当你的祖父过世之后，每次我触及他用过的笔墨、看过的书籍，都觉得那当中有他的影子。我最早能深深体会的一篇课文中的词，就是“手泽犹存”，当我在学校读到之后，赶回家第一件事，就是把父亲用过的东西翻过来翻过去，对着灯光照，希望发现父亲的指纹或汗渍。

所以你应当了解，有时候爱竟能长驻在指纹与汗渍中。如此说来，那项链能说是只有菲薄的价值吗？

是的！我是说过它不值什么钱，但你记得那下面跟着的一句话是什么吗？

你说你忘了，那么让我说个故事来提醒你。

从前有一位父亲写信给他在国外读书的孩子，信是这样的——

亲爱的孩子，我好久好久没收到你的信了！而在这期间我已经寄出七封，你是换了地址吗？还是因为功课忙？又难道是身体不舒服？但我实在担心，整天跟你母亲轮着出去看信箱，我们的生活似乎就是为了等你的信了。

如果你实在太忙，只要写几行字，告诉我们安好，就成了！甚至你只要寄张明信片，上面不必写字，毕竟从地址，我们可以看出你的笔迹，也表示你一切都好。

当然如果因为交通不方便，或要踩着雪去买邮票，你就不要急着回信，免得受寒或在冰上滑跤，你可以等春天暖了再给我们消息。

但是，孩子！我们实在很想你呀！

从上面这个故事，你发现了什么？应该发现那位深爱着孩子的父亲，尽管望眼欲穿地等着孩子的信，到最后，却为了怕孩子去买邮票受寒，而要求孩子“不要急着回信”了！

现在你想起我当初说的话了吗？

我说:“这项链不值什么钱，别因为是我从脖子上摘下来给你的，就以为珍贵无比。如果碰到了抢匪，要你的项链，千万不要犹豫，不要抗拒！把它摘下来递过去，它值不了什么钱的！”

孩子！你的生命当然要比这项链珍贵不止亿万倍。我只是想告诉你，在遇到抢匪时，记住“留得青山在，不怕没柴烧”，不要为了保护这小小的纪念品而受到伤害。

但，那不是说，它便宜到你可以随便送给没有深交的女同学，当她小小的生日礼物呀！

刘轩戴着父亲送的“爱的礼物”。

刘轩的话

迟来的抱歉

这件事真让我感到无比惭愧！它展现了我年轻时的无知，但也显示了两代人沟通上的误会。

不管那玉佩的实际价值是多少（其实我现在也还不清楚），只记得当年老爸交给我时，一再强调那不算什么值钱的东西。我没听出他的话中话，误以为那只是块好看的石头，就像妈妈当年从台湾艺术品市场买来送给美国秘书们的小礼物一样。

回想当年，收到玉佩时没有隆重的仪式，之后又造成了那么多的不愉快，让我对自己的中国家庭背景有些埋怨。为什么我们不能像美国人一样常对彼此说“I love you”？多么明白又直爽！为什么中国人非得用最含蓄的话、最浅淡的举止，透过默默的牺牲来表达伟大的爱？而当我这个已经长了“外国耳朵”的小孩没察觉到那背后的深情，又突然看到自己父母亲有如此伤心激烈的反应时，只有错愕和永远忘不了的愧疚。

这么多年后，我理解了老爸的心意，也愈来愈理解中国人“隐藏在说与不说之间”的关怀。每当想到这个故事，还是会脸红。只怪我实在太傻了。

老爸，对不起！

为什么不说“不”

一个女职员明明不愿意，却不敢拒绝老板晚上的邀约，但到后来，还是因为拒绝进一步的要求，而得罪了老板。“你既然不愿意，为什么不早说？”老板狠狠地问。

隔壁海伦请你过去帮忙弄电脑。你说：“OK！”

派特请你帮忙抬电子琴到学校。你说：“Yes！”

韩瑞叫你帮他录每个星期五的电视剧。你说：“一句话（Sure）！”

玛瑞安要你为她的派对做张海报。你说：“没问题（No problem）！”

你为什么从不说“不”？

现在让我讲讲今天发生在我自己身上的事，给你参考。

早上，王阿姨打电话来，问我能不能陪她一起去看苏富比（Sotheby’s）拍卖中国古董。我说：“不！”

中午，社区报纸打电话问我能不能为他们的征文颁奖。我说：“不！”

下午圣约翰大学的学生打电话来，问我能不能参加周末的餐会。我说：“不！”

晚上台北传真过来问我能不能写个专栏。我说：“不！”

当你说四个“是”的时候，我说了四个“不”！

你或许要说我是不近人情，但你也要知道，当我说第一个“不”时，同时告诉了她：“下次拍卖古画，我会去。至于今天，因为我对家具、器物、玉石的了解不多，很难提出好的建议。”

当我说第二个“不”时，我说：“因为我已经做了评审，贵报又在最近连着刊登我的新闻，且在一篇有关座谈会的报道中赞美我，而批评了别人。如果再去颁奖，怕要引人猜测，显得有失客观。”

当我说第三个“不”时，我说：“因为近来有坐骨神经痛之苦，必须在硬椅子上直挺挺地坐着，像是挨罚一般，而且不耐久坐，为免煞风景，以后再找机会！”

当我说第四个“不”时，我以传真告诉对方：“最近已经寄出一篇头题（就是刊在重要位置的长文，而非专栏式的短文），专栏等以后有空再写。”

我说了“不”，但是说得委婉，我拒绝了，但拒绝得有理，那你为什么明知道自己睡眠不足，功课又忙碌，却难以开口说“不”呢？

这世界上确实有许多人不会说“不”，他们或是不敢，或是不好意思。

譬如一个女职员明明不愿意，却不敢拒绝老板晚上的邀约；一个守门警卫明明知道没出示通行证的人不能放过，却不敢拦阻上司家人的座车。

一个鉴赏家明明知道是赝品，却不好意思不为献宝的朋友盖下鉴定为真迹的印章。

问题是：当那老板对女职员有进一步的要求时，后者不是吃了亏，就是在不得不拒绝的情况下终于得罪了老板。甚至那老板可能在丢了面子之后狠狠地问：“你既然不愿意，为什么不早说？”

当那座车里藏了坏人，而出事之后，上司却可能将警卫扭送法办："明明知道公司的安全规定，为什么让没有通行证的人通过，敢情是串通的？"

当那赝品终于被发现，收藏家可能说："你如果知道，为什么不告诉我？害得我丢人！"至于别人则要讲："那是什么鉴赏家？若非串通了骗钱，就是能力不足！"

你说，他们当初是不是该说"不"呢？

不敢说"不"的人，往往缺乏实力，他们只怕不顺着对方的意，自己就要吃亏。岂知愈是想讨好每个人，最后可能谁也没讨好，因为没有人珍视他的"好"，却要加倍责备他可能的不周到。愈是想对得起每一个人，愈可能对不起人，因为精神、时间、财力有限，不可能处处顾及，结果服务水准下降，还是对不起人。就算他拼老命地应付了每个人，至少也对不起他自己。

我有个长辈，在很多年前去了一趟香港，每个人听说，都托她带东西，她也都说好，且回来送礼给每位朋友。没想到礼带得不足，后来连已经送给她自己子女的礼物，都收回来送给别人。

最糟的是，她的经济情况在回台湾地区之后元气大伤。原因是：她为朋友带的东西太多，全部被海关打税，又不好意思跟朋友要，以致自己扛了下来。最后有些朋友知道了，主动要付税，却在背后说：“比委托行买的还贵，只怕被她吃了！”

从我举出的这么多例子，你该了解：

只有在你表现说“不”的实力时，对方才会感激你说的“是”；也只有在你知道说“不”的情况下，才能积蓄足够的实力说“是”。

只有充满自信与原则的人知道说“不”，也只有别人知道你有说“不”的原则之后，才会信任你所说的“不”！

委婉地道出你的苦衷、说出你的原则，必能获得朋友的谅解，赢得对方尊重！

刘轩的话

不说“不”的理由

抗议！当时的我，并非老爸形容的滥好人。我说YES，都是有原因的。

海伦是邻居，帮她做资料建档是我的第一份打工工作。帮她维修电脑，是一种“售后服务”。

至于派特，我和他一起玩音乐，一直非常喜欢他的电子琴，有机会能玩它，再好不过了！

韩瑞一向都会帮忙录我最爱的MV。偶尔换我帮他，是有来有往嘛！

至于校花玛瑞安，有机会帮她做海报表示能受邀参加她的派对，哪个男生不乐意？

人与人之间的良好相处，都是建立在互相帮助上。只要不失去根本、不伤原则，我觉得都是可以的。而今我在工作中接触到很多人，发现发展新客户并不难，难的是维持与老客户的关系。说穿了，帮助别人也是很好的business decision（商业决策）。

当然，一旦说了YES，就给自己添了一份责任。宁可拒绝人家，也不要答应后再食言。所以我现在年纪愈大，反而愈常说“不”，愈少说“是”了。

迟到大王

爱迟到的人，似乎总是迟到。远程的约会，他要迟到；在他家旁边碰面，他还是可能迟到；连你早早到他家，坐在客厅里等，只见他东摸摸、西磨磨，到头来，仍然无法准时出发。这是什么原因呢？

我小时候，常听大人说“早起三光，晚起三慌”，又总是听他们在早早准备，到头来还是赶不及的时候说：“起个大早，赶个晚集！”

我当时就不解地问：既然讲早起的人，可以看见旭光、月光和星光同时在天空，好像非常从容，又怎么会“起个大早，赶个晚集”呢？

他们的回答很简单：“因为拖！”

这使我想起初来纽约，常在示范画大瀑布的时候，问参观的人有没有去过尼亚加拉瀑布，令人意外的是，摇头的居然占了相当高的比例。他们的道理也很简单：“因为近，心想反正什么时候要去都成，所以一直拖下来！”妙的是那些人多半去过需要几天车程的佛罗里达，或更远的夏威夷。

“拖”就是这么妙，拖时间的人，不一定真没有时间，反而可能有充裕的时间；拖欠债款的人，常在手头有钱时拖着不还，直到没有钱；拖延不给朋友回信的人，也可能总是把信放在案头，天天都想回，却一拖就是几个月。

你会发现，爱迟到的人，似乎总是迟到。远程的约会，他要迟到；在他家旁边碰面，他还是可能迟到；连你早早到他家，坐在客厅里等，只见他东摸摸、西磨磨，到头来，仍然无法准时出发。

这是什么原因呢？

难道是心理有毛病吗？

我想他们的心理不是真有毛病，却可能是心里总想着：“不急嘛！时间还多！”“不急嘛！还有一些时间！”“不急嘛！大概正好可以赶上！”“不急嘛！如果运气好，还不会迟太多！”“不急嘛！别的人也不可能准时！”

最后则是：“不急嘛！反正已经迟了！”

问题是，他这一拖就不知拖去了别人多少时间，更不知失去了多少宝贵的光阴和成功的机会。

跟我学画的学生，常对我说：“老师！我的墨总是磨不黑，怎么办？”

我的答案很简单：“多磨一会儿！”

可不是吗？如果他的墨不是本来就是灰颜色的，而是真正的黑墨，当然不可能磨不黑，所以磨不黑并非墨的问题，而在于他自己。

同样，如果你问我：“我就是爱拖，怎么办？”

我的答案则是：“不要拖！立刻行动！”

当你把心里面那些“不急嘛”“不急在今天”“时间还多”的意念抛开，告诉自己“立刻行动”时，你拖的毛病就会霍然痊愈了。

由于你不论多早起床，却总是弄得迟迟出门，而常在第一堂课迟到，使我不得不说这一大番话给你听，因为“起个大早，赶个晚集”的人，要比那忘了上闹钟而迟到的人更糟糕，如同“有钱却拖着不还债”，要比“没钱还”来得可耻。

记住！你绝对不能有拖的毛病，因为我们的人生是拖不得的！太阳不拖、月亮不拖、星星不拖。春秋四季、万物消长，都不拖。

我们又岂能拖呢？

刘轩的话

“拖”的绝妙好理由

有个朋友曾说：“‘拖’是一个必要的过程。不拖，还真做不了事！”

他这个歪理正反映了“拖”的奇妙心态。很多功课好、上进，又绝顶聪明的人都会拖，起码在大学同学中，十个有六个是如此。因为自己也有这个毛病，我还曾经选修辅导中心开的“如何克服‘拖’”的课程，学到了一些东西：

有些人拖，是完美主义作祟。他们凡事会先花许多脑力进行“沙盘推演”，并为自己设下很高的标准。但因为想得太多，计划太复杂，反而无法行动。

有些人害怕失败，他们跟前者很类似。这种恐惧感使他们迟疑，最后导致失败，更加深这种惯性思维。

有些人有“强迫性行为”，像是出门前不停检查是否瓦斯、门窗没关，严重时则成为病态，愈靠近deadline(期限)就有愈多琐碎的事情冒出来，使他们永远不安。

还有一种人很难开始做事，但一旦开始就停不下来。即使他们知道手上的事已经耽误了后面的行程，也无法自拔。

老爸说:“不要拖！立刻行动！”其实每个爱拖的人、每个迟到大王，心里都有谱。我们都知道不应该拖，但就是办不到。

其实，最重要的对策就是“good enough”（够好了）这个观念。我们必须先说服自己“够好了！不要再磨了！赶快继续吧”，才能让自己不要拖，追上进度。

所以“拖”不等于“懒”或“惰”。当然，“赖床”又完全是另外一种状况，不能跟“拖”相提并论。这，还是留给别的文章再讲吧！

悲悯的情怀

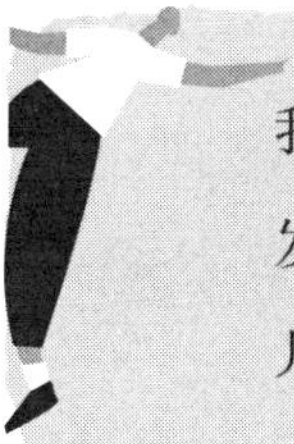

我曾在初中的早会上直挺挺地晕倒，醒来时发现自己上下排的门牙全摇动了，嘴唇肿得几乎遮住鼻孔，鼻子和额头也皮开肉绽。

你因为长针眼（睑腺炎）开刀，而没去上学。

早上，听说你在头上绑了一块红头巾，打算扮成海盗的样子。我清楚地听见你与母亲争执：“既然左眼被医生蒙了这么难看的一块东西，好像独眼龙的样子，何不干脆扮成海盗？否则坐在地铁上，走在学校里，会多奇怪！”

那么我要问你，当你绑上大红头巾，岂不是更怪吗？人家要以什么眼光看你？你是参加化装舞会，眼睛真正受伤，还是故意打扮成这个样子的小流氓？你缺考的那门课的老师，又会怎么想？

我知道你不好意思出门。因为那个医生给你蒙上肉色纱布，又粘贴上层层黄色胶带，确实看起来奇怪，但是难道你能为这么一个几乎完全无碍于你行动和学习的针眼，就几天不出门吗？

我当然能了解你的感觉，因为我在初中时，曾在早会上直挺挺地晕倒。由于站在第一排，前面没人挡住，所以当我醒来时，发现自己上下排的门牙全摇动了，嘴唇肿得几乎遮住鼻孔，鼻子和额头也皮开肉绽。我至今仍清晰地记得，自己转两班公交车回家时人们奇异的目光和你祖母惊讶心疼的表情。但是，我能因此不上学吗？

过去总被人赞赏为美少年的我，瑟缩在公交车的一角，我尽量把脸转向窗外，转得脖子都酸了；我试着不去看人，因为对上的总是惊异的目光。

受伤之后没有几天，一个不认识的同学主动与我接近，问我出了什么事。他跟我搭同一班车，上车时，我才发现他居然有一条腿出奇的细，鞋子也特别。当时是夏天，大家穿短裤，每次坐着，他总是把书包尽量向前推，挡住那看来像枯骨的膝头。于是我们成了同病相怜的朋友。

但是，我脸上的血痂一块块脱落了！嘴唇消了肿，牙齿也奇迹般地康复。每天当我们下课时相遇，他都先盯着我看，接着把眼神闪开，仿佛没见到。我的脸渐渐又扬了起来，他膝头上的书包，却推得更靠前面了！

我们的距离渐远，渐渐发现他居然有些避着我。

我开始了解残障人士内心的痛苦。他们有他们的世界，一个彼此同情的世界，一个难以被外人体会的世界。而今想起来，我甚至庆幸自己曾有那样的遭遇，使我知道在这世界上有那么一大群我们应该去了解、去帮助的人。

我也反省到，一个在公共场合不易见到残障人士的社会，绝不表示残障人的比例低，反而显示了人们道德的层次低。因为大家以特异的眼光看残障者，甚至指指点点，加上缺少为身心障碍者考虑的设计，使他们躲在阴影中。所以，残障人士的隐藏，是社会之耻、国家之耻。

说到这儿，你想想自己的伤，是否远不如我少年时？而且没几天就能把眼上的纱布拿掉，跟那些真正残障的人相比，岂非幸运？你不过几天，就难以忍受，而他们是几月、几年，甚至一辈子啊！

我们常在失去时，才知道“有”的美好。希望在你失而复得时，一方面感觉“得”的可贵，一方面纪念失的痛苦，更因此了解失者的心境，产生悲天悯人的情怀。

刘轩的话

向黑暗伸出手

绑头巾？回头想，还蛮蠢的！还好我不住洛杉矶，因为那里有两大帮派分别是绑蓝色和红色头巾的，穿错颜色、走错地方，只怕会吃两颗子弹！

我在网络上看到德国有家餐厅，所有服务生都是盲人，而客人必须在完全没有光线的情况下用餐。在黑暗中吃东西，想必是特殊经验，但这正是盲人天天过的日子。除了借此体会视障人士的生活，也有不少饕客发现这样更能细腻地尝出食物的美味。

据心理测验统计，残障人士并不会比正常人不快乐。一般人潜意识下会有种错觉，认为生理有障碍，心理想必也是，而因此用“可怜”的眼光来看待残障人士。但其实，大部分残障人士只是生理构造异于常人罢了。所以我认为“悲悯”不如“尊重”，我们应该协助他们过正常生活，也给他们应有的尊重。

基本礼貌

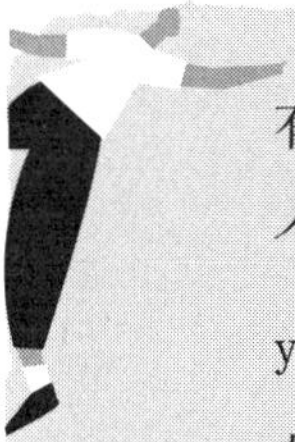

有一只狗在人群里打了一个喷嚏，居然好几个美国人不约而同地说：“保佑你！”（Bless you!）接着发现打喷嚏的是狗，而笑了起来。

记得吗？当我们搬来湾边（Bayside）之前，每个夏天的傍晚都要跑好几条街，到一家杂货店去打电玩。那个店门口总聚集着许多十六七岁的小伙子，剃着奇怪的朋克或光头族（skinhead）发型，在一起打打闹闹。我们还看过他们在街角的阴影里吸大麻烟，甚至扭打成一团。

但是，我们居然毫不在意，一次又一次地去那里打电玩。原因很简单——我们发现，他们是“人不犯我，我不犯人”的，甚至可以说，他们居然都有着不错的礼貌。

当我们进去时，如果他们正堵在门口，必然会立刻让开，还说声：“对不起！”（Excuse me!）又总是为我们拉着门。

当我们玩到一个段落时，尽管他们早已将硬币放在机器上排列着，表示在等待，仍然会礼貌地问：“你是否不玩了？我能不能接手？”（Are you finished？ May I take it？）

起初我有点怀疑，为什么他们有这样好的礼貌，会不会因为我们是东方人，对远来的比较客气？抑或因为我已三十好几，你又才不过十岁，与他们不属同一层次，而礼让三分？

但是经过长久观察，我发现他们对每个客人都有同样的礼貌。

有一次我跟美国朋友提到这个情况，终于获得答案。朋友说：“必定因为那些孩子的家庭从小就教导他们应有的礼节，大人们之间也都举止优雅，所以礼貌成为他们自然的回应，不必经过大脑就会产生，即使到叛逆期，也不会改变太多。”

这使我想起有一次逛游园会，有一只狗在人群里打了一个喷嚏，居然好几个人不约而同地说："保佑你！"（Bless you!）接着才发现打喷嚏的是狗，而笑了起来。那说"保佑你"，不是一种习惯吗？不必问是谁，自然就会回应！

我又想起刚来美国教课时，一个学生的笔滚到我的脚边，我便将它捡起交给学生。那学生说："谢谢！"我没有立刻回应，隔了两秒钟才回答："不客气！"居然全班都笑了起来。这是为什么呢？

因为那"不客气"在西方人是自然的回应，理当立即脱口而出，我却没有养成这种习惯，而在思考之后，才回答，那"不客气"就带有"最好少来"的意思了！

尤其可怕的是，当我们的基本礼貌有问题时，立刻会引起别人的敏感，甚至产生误会。譬如去年我刚从台湾地区回来，赶到学校办公室时，秘书居然问我："是不是家里发生了什么事？听说你有些不高兴！"

"没有啊！我很好！"我诧异地回答。

经过追问，才知道原来是因为当我跨进电梯时，虽然跟里面的同事打了招呼，却没有请靠近按钮的朋友帮我按三楼，而自己伸直了手臂去按。

在台湾地区，这是很自然的事，大家认为要别人帮忙按是打扰，理当自己动手；岂知在此地，人们觉得在餐桌上帮别人递胡椒罐，在电梯里帮人按按钮，或为人拉着门，是一种礼貌。不请对方帮忙，硬是“跨位”到别人前面自己动手，反成为不礼貌了。只怪我一时未能反应过来民情的差异，而引起同事误会。

你母亲对我感慨地说，发现别人的孩子在父母开车接送时，都会说：“谢谢爸爸！谢谢妈妈！”而你却半声不吭，好像她欠你似的，于是我讲以上的故事给你听。

礼貌不但是“诚于中，形于外”的表现，而且要能成为自然的回应。愈是进步的国家，愈讲求礼貌，因为那代表了尊重、体谅与包容。没有这三者，社会不可能和谐，人际不容易和睦，民族将难以团结。

由“己所不欲，勿施于人”，到“己所欲，施于人”，就是礼貌的真正精神！

刘轩的话

礼貌教人可爱

有礼貌的小混混儿？哈！那是因为我们住的湾边，基本上是个高级住宅区。那里的青少年虽然打扮得像流氓，但并非流氓。如果到纽约市 South Bronx（南布朗克斯区）那样的地方，恐怕电玩还没开始打，钱就已被抢光了。

但老爸说得也没错：即使到美国最乱的区域，还是会有人帮你开门，借光时会说“Excuse me”（对不起），打喷嚏时还是会有人对你说“Bless you”（保佑你），这是美国人的基本礼貌。但是在美国，拿名片不需要用双手；不管走进哪家 7-11，店员也不会大声叫：“欢迎光临！”那是中国台湾地区跟日本的特殊文化。

每个地方都有一套当地的礼貌。我们身为“地球人”，应该要尊重并注意这些细节，才能真正“入境随俗”，与当地人交朋友。依我自己过去的旅游经验来说，学习异国的礼貌，也正是学习文化最可爱之处。

食色性也

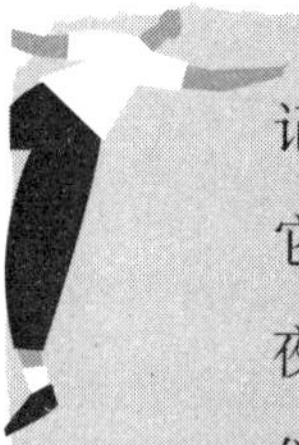

记得我们以前养的那只虎斑猫吗？为了不让它出去，我们连窗栏都钉得特别密，当它半夜鬼叫的时候，则套一只袜子在它头上。我们是希望它做一只乖猫，却忽略了它的生理需求。

下午我听见你母亲怒斥的声音，赶过去看才知道，原来是因为你在门后挂了一张裸女的大海报。

说实在的，我认为那图片蛮漂亮，也并不下流，本打算为你说几句好话，但是看你母亲正在气头上，便不好多讲，而指示你立刻收起来。这已经是帮了你大忙，因为照你母亲的意思，应该是撕得粉碎。

当她怒气平复的时候，我曾私下表示意见：孩子已经将近十七岁，挂个裸女海报有什么关系？又不是黄色照片！

“就因为他大了，火已经不小，所以不让他挂这种玩意儿，免得火上加油！”你母亲回答。

我们能说她的话没有道理吗？

相信许多做家长的都可能跟我们一样，对孩子青春期“性”的表现，采取不同的看法。有的人主张这是生理的自然现象，可以任其发展；有的人主张年轻人不懂事，为防溃决成灾，应该早加疏导。有些人放任，有些人禁制。他们谁都没错，却也可能都错了！

记得我们以前养的那只虎斑猫吗？为了不让它出去，我们连窗栏都钉得特别密，当它半夜鬼叫的时候，则套一只袜子在它头上。我们是希望它做一只乖猫，却忽略了它的生理需求，终于有一天它冲出去，因为不懂得躲避，而被对门的狗咬死。这诚然是过度禁制造成的问题。

换一个角度，你看到电视上有关躲在码头仓库的年轻人的报道了吗？十六七岁的孩子，逃家、吸毒、滥交。有些未婚的稚龄妈妈，把婴儿放在一旁哭，然后跑去接客。她们伤害了自己，伤害了孩子，断送了前途，甚至染上艾滋病而死。想想，如果在起初，他们有个防微杜渐的家长，会有这一天吗？

“食色性也”，这是谁也无法否认的事实，因为不“食”无法维持生命，不“色”（指男女之事）无法延续生命。但人类毕竟是万物之灵，我们既然不茹毛饮血、生吞活剥，而要讲求“食”的品质，当然对“色”也就有所讲求。最懂得“食”的人，往往要等果子在枝上熟透了才摘；最懂得“色”的人，是不是也应该有些耐性，像等果子熟一样，等自己发育到最成熟的阶段呢？

记得前几天，我带你到后院看刚萌发的芍药吗？我曾指着那些暗红色、叶子紧紧卷着，仿佛铅笔头的嫩芽说：“这些都会开花！”又转身，指着那才露头，就展开小叶片，好像向春风招手的讲：“至于这些，看起来萌发得早，却保证不会绽放！”

你起先不了解，直到我翻开两者的叶片，你才惊讶地发现，早早展开的叶间，完全没有花苞的痕迹；至于紧包着的叶片间，则都有着小小的花苞。它们未打开叶片，并非发育不良，而是为了保护珍贵的花朵啊！如此说来，你是否也该忍耐着，不必早早伸展臂膀，向春情招手呢？

西方有句谚语："爱就像是炉火，关得愈紧，烧得愈旺。"医学界又发现，那些总是想着绮色的人，由于一天到晚有潜在的冲动，所以性的表现反倒弱而短暂。如果你四处挂上裸女海报，书包里装上《花花公子》杂志，甚至皮夹子里也放些异性图片，是不是非但无益，反而可能容易让你胡思乱想，影响学习呢？

你的母亲叫你不要"火上加油"，我则为她的话增添了这许多注解。我不主张禁制，不主张放任，而主张疏导。疏导的第一步，是希望你能自珍、自制，如同那含蓄蕴藏的芍药，在未来开出丰美的花朵！

刘轩的话

芍药之道也

文章里提到我们家以前养的"刘猫"，我想问老爸，当初为什么不带它去结扎呢？我现在也养猫，朋友都说即使残酷，还是得带它去结扎，因为"性"是动物本能，不能发泄会更痛苦。果然，它第一次发情时，哀嚎了一整天，把它关进厕所，它竟然把通风口的木条咬断了好几根！

动物会因为发情而痛苦，何况是人？到了青春期，人也会有莫名的冲动。我们只能正视它，不要把“性”罩上一层罪恶的色彩。我老爸在这一点上还蛮开放的，到了我该懂的年龄，他从不避讳讨论。

但是以芍药比喻来进行性教育，大概只会发生在我们家吧！

愈早伸展叶片的植物往往愈不会开花。

愈是深藏的愈可能绽放出美丽的花朵。

刘轩高中时的卧房。

刘轩和现在饲养的爱猫 Bijou。

不必在乎

当别人的五层楼完工时，你的地基可能还没打好。如果因为羡慕别人的五层楼成绩，或被那落成的鞭炮声扰得心慌意乱，只怕你就没有资格去盖五十层的大楼了！

不知你是否注意到，当你练琴的时候，我很少坐在旁边，甚至可以说，我故意避开。明明我在场，你会弹得特别卖力，为什么我反而躲开呢？

答案是：就因为你弹得特别卖力！

我发现当我在别的房间时，你会一小节、一小节地反复练习，磨那些细微的地方，但是只要我一走近，你为了表现，往往立刻加快速度与力量，弹出华丽的段落。问题是在那琴音后面，是不是只有着贫乏的内容与浮面的技巧？

这使我想起初中到公园里参加写生比赛，当有人围在我身边看，为了让画面显得漂亮，以博取赞美，我也有操之过急的毛病，结果在不该渲染的时候渲染，在该打背景的时候却画了前景，在画的过程中固然可能看起来比旁边同学的好，完成的作品却是失败的。

渐渐地，我知道是不必把围观者放在心上的。因为他们如果不内行，那品头论足的言语，根本没有价值；即使他们说得有理，也只能做个参考，毕竟作画的是我，不是他们。

这也使我想起大学刚毕业那年，主演话剧《武陵人》，在头一场戏之后，有位演员高兴地拿着报上的剧评宣读。编剧张晓风女士却淡淡一笑："何必介意别人写什么？首先要想想，那写评论的人，有多少分量。他如果说好，值得我们多高兴？他说坏，又能减损我们什么？"

当时，我十分诧异于这位谦虚敦厚的女作家，居然说出那么狂傲的话。但在事后想想，却觉得这正是一位艺术家应当持有的态度。

无可否认，人有群性，听到大家鼓掌，常在没弄清楚什么事情之前，也便跟着鼓掌。问题是，如果我们处处听别人的，哪里还有自己？

即使是自己，也不能完全听自己的！这句话听起来矛盾，其实有大道理。这是因为我们都有天生的弱点，譬如缺乏耐性、拖延、懒散。当我们想开始做一件事的时候，那个“爱拖延的自己”很可能会说：“不急嘛！明天再做不迟！”当我们画一张画时，明明知道色彩要一层一层慢慢来，那个“缺乏耐性、急于求功的自己”却可能会催着说：“快！颜色上重一点，你看不是比较好看吗？”问题是：事情可能一天天拖下来了，那画上的颜色可能在最后变得太深。这些错误，实际上都是事先可以避免的，就因为那天生的弱点，打碎了我们原有的计划，反而遭到失败。

记得我上高一的时候，每次作文总是虎头蛇尾，写不到三百字，就草草结束，成绩自然不好。而坐在我后面的一个同学，却回回拿高分。有一天我把他的作文拿过来细细看了一遍，才发觉除了破题，还要正面谈、反面谈，再加综合结论。“真累啊！”我说。

可是就在我耐下心，试着一边写，一边告诉自己“别急”，终于写完一篇长文交上去之后，成绩便一下子跃升。

当我拿着发回的作文簿，看着那可爱的“甲”和美好的评语时，心想：原来得高分并不难，就是别急！

对！就是别急——不要急着在人前表现自己，更不要因为心急，而破坏了自己应有的计划！如果你想盖五十层大楼，需要打五层以上的地基；如果你只想盖五层楼，那么打一层的地基就成了。

最重要的是，如果你是前者，必须知道：当别人的五层楼完工时，你的地基可能还没打好。如果因为羡慕别人的五层楼成绩，或被那落成的鞭炮声扰得心慌意乱，只怕你就没有资格去盖五十层的大楼了！

如果处处都在乎别人，哪里还有自己？

如果不能克服自己天生的弱点，如何战胜别人？

请深思！

刘轩的话

如何不在乎

虽然我们都说不必在乎别人的眼光，但其实很难办到。举例来说，我去健身房使用跑步机，只要有一群辣妹走过，我一定会跑得比较卖力，而且光看旁边机器的数据就知道，并不是只有我如此。如果以精密仪器测量心跳、体温、皮肤电流反应等，我相信无论男女，只要感觉到别人注目的眼光，都会受到些微的影响。

如何受到影响又不被影响，这就不简单了。我很佩服某些职业篮球选手，罚球时能忍受对方的啦啦队与球迷在旁边捣乱、做鬼脸、骂脏话，还可以慢慢地瞄准，专心把球投进篮里。我相信那种定力一旦练成，也能转换到其他局面上，让人更稳，更不容易心慌意乱。

在压力下茁壮成长

那天晚上，当我手脚冰冷地走上台，面对三家电视台的联播和万人的会场时，我的恐惧突然不见了，只觉得所有过去的紧张与压力，都化作了信心和勇气！

你为了在学校练习演讲，很晚才回到家，满脸饥容倦色地坐在餐桌前，却未见你吃几口。深夜，我经过你的房间，看你躺在床上若有所思，说是很困，却睡不着；你讲话时，我可以清楚地听见你的肚子在咕咕作响。一点钟左右，你总算出来弄了一碗意大利面吃，又喝了杯牛奶，但跟着喊肚子痛。

我叫你躺在沙发上，为你放一个电热袋在腹部，又弄了几颗胃药，让你服下，便离开了。不是我对你腹痛如此放心，而是因为我知道，你这些表现都是由明天要比赛很紧张所造成，那是每个人都可能有的现象。

我在你这个年岁时，也经常代表学校出去比赛，我得了台北市演讲比赛的第一名，又获得全省的冠军。名誉愈高，心理的压力愈重。由于从小学开始，年年的比赛都是秋季，我甚至只要感觉到秋天的到来，心跳就自然加速；听到广播或电视里传来颁奖的音乐声，也不自觉地紧张起来，仿佛又回到比赛会场。

尤其记得当我被选为体育馆庆祝晚会的主持人之后，整整一个多月，都吃不好，只觉得胸口有一种压力，甚至使我要作呕。

但是，那天晚上，当我手脚冰冷地走上台，面对三家电视台的联播和万人的会场时，我的恐惧突然不见了，只觉得所有过去的紧张与压力，都化作了信心和勇气！

据说，那一次我非常成功。它使我立刻被电视公司网罗，并进一步走入新闻采访与节目制作的行列。如此说来，那一个多月的压力，不是很值得吗？

其实压力是无所不在的，只要你自我要求，只要别人对你期许，自然就有压力。面对战斗的恐惧也是任何人都难以避免的，记得我们一起看的《晚间新闻》（*Evening Broadcast*）那部电影吗？女主角面对沉重紧张的新闻工作，早上先痛哭一场，再擦干眼泪，走出家门。

过去每逢我要播报晚间新闻，下午必定不碰咖啡，因为我发现，虽然我已经是资深记者，但喝了咖啡还是会有心跳加速的毛病。

后来我接受美国电视台一位资深记者的访问，握手时，发现他的手竟然也是冰冷的。有一次，一位当红歌手演出，上场前我到后台看她，不但觉得她手心冰凉冒汗，甚至发现她不断地做深呼吸，以驱除身上微微的颤抖。

所以当你看到台上人谈笑风生地主持节目，或记者轻松地播报新闻时，要知道，他们在上台前，也都有心理压力。因为他们错不得，一错就呈现在千百万人眼前。而且，你不要认为成名的老手比较轻松，实际上人的名气愈大，包袱愈重。他们是扛着半生的荣誉上台，怎能不慎重呢？

如此说来，以你一个默默无名的学生来与他们比，那点压力算得了什么？我们甚至应该欢迎压力的到来，因为压力往往能激发我们的潜能，使我们超越原来的自己。

近代科学家，对于进化论有一派新学说，他们发现许多生物不是逐渐进化，而是突变进化的，而那突变往往是在环境压力的突变之下产生的。

文艺的伟大作品和新流派，同样往往是在压力下产生的，没有战争的苦闷，恐怕不会产生达达主义（Dadaism）和毕加索的《格尔尼卡》（*Guernica*, 1937），更不会有杜甫的《兵车行》。甚至泡发豆芽的人都发现，愈是压在下面的豆子，长出来的豆芽愈大。

记得我第一次定做西装的时候，裁缝说我的左肩比右肩高，我笑答："必定是因为我高中时都用右肩背书包，所以压低了！"裁缝则说："你错了！你一定是用左边背，不信你注意挑担的人，常挑担子的那一个肩头，即使没有担子在上面，也会比另一肩高些！"

可不是嘛！压力虽然不好受，但是好！它只会使我们站得更挺、走得更稳，能够在未来承担更大的压力，产生更强的斗志，且从身体的内部、心灵的深处，激发出源源不绝的力量，走向人生的凯旋门！

刘轩的话

永远要再努力一点

我完全同意老爸的想法，只想补充一句：压力应该与能力相当，千万别不自量力，给自己过大的压力。

心理学家和运动学家都认为，人表现最佳时，往往就是当目标超出自己既有能力一些时。也就是说，人都要比自己的本领再努力一点来达成目标，而非好高骛远。过大压力跟自不量力都是有害无益的。

生理的周期

把唐诗三百首的诗句分类，发现许多有趣的现象，譬如关于春、秋的诗句特多，属于夏季和冬季的句子特少。是不是因为夏天太热，冬天又太冷，不适合诗人写作？这时候，他们做什么？

去年到北京探亲的时候，有一天临时提议去爬山，没想到身为医生的堂哥，居然说先得看看他当天的生理周期如何，跟着便掏出一个小日记本翻阅。原来他们采用一套生命节奏（Biorhythm）的理论，认为人从出生开始，就进入不断变化的生理周期。有时体能特佳，有时精神最好，有时脑力活泼。其间的高潮与低潮递变，所以爬山之前，他要先检查一下当天的情况，再决定去不去。

我当时笑他迷信，他却正经八百地讲：“人本来就有高潮、低潮，体能好的时候偏重劳动，脑筋清楚的时候偏重思考，才能发挥最高的工作效率！”

我们且不论他的那一套道理对不对，至少有一件事是值得借鉴的，就是：配合着生理状况做事情。

一大早，我发现你竟然在打电玩，我便想到说这段话。我不是叫你把生辰八字寄去给你的堂伯算生理周期，而是希望你最起码要认清自己在一天当中的精神状况。

你是属于早晨办事效率特高的人，当然应该把最要集中精神和求精确的功课，譬如数学、钢琴之类，放在早上做。怎能一起床，先往阴寒的地下室跑，蹲在那里一两个钟头玩电脑游戏呢？这就好比电视台用晚上的黄金时段播卡通和烹饪节目一样。

电视台知道，下午四五点钟是小孩放学在家等着吃晚饭的时候，所以播卡通。下午两三点钟是主妇家事告一段落时，于是播烹饪，而非晚上七八点钟放映这些节目。为什么你却不能衡量精神状况，来选择工作重点呢？

前几年我把《唐诗三百首》的诗句分类，发现许多有趣的现象，譬如关于春、秋的诗句特多，属于夏季和冬季的句子特少。当时我就想：是不是因为夏天太热，冬天又太冷，不适合诗人写作？这时候，他们做什么？

我相信，那些唐代诗人，既会掌握春秋温适的日子创作，必然也知道如何在冬夏遣怀。你是否也懂得掌握季节的特性呢？

最近几年从种菜中，我也学会不少东西。譬如青椒、番茄这些成长期较长的蔬菜，可以从早春就在室内培育，等天气暖了，再移出去，目的是为它们早抢一点时间。还有那包心菜、大白菜之类耐寒的植物，则在秋天种最后一茬，因为它们可以一直长到冬天下霜，所以能多利用几天土地。你是否也懂得这种抢时间的道理？

如果大唐的诗人在春秋的好日子不写，而跑去下棋，如果我非要等到母亲节之后才播下番茄、青椒的种子，又在秋天开始种黄瓜，只怕我们的书中不会有那么多优美的唐诗，我们的餐桌上更不可能有那样多自己种的蔬果了吧！

所以，你是不是应该也为自己制订出个时间表？比别人抢先一步、多留一刻，且抓住最恰当的时刻，做最适宜的工作！

刘轩的话

当黑夜比白天美

我从事音乐工作，也跟许多创作者一样，总是到了深夜才有灵感，但这并不符合中国人的养生观念。我目前正想办法调整作息，寻找最适合创作的时段，或许可以把白天的时间当成晚上来使用。

根据研究，生物的周期节律（circadian rhythm）都在二十四小时左右，但也很容易受光线、药物、激素等影响。总而言之，每个人都有自己的周期，就看怎么运用才能发挥最大效果喽！

双向时间

在人生的战场上兵不厌诈。许多起初保留体力、隐藏实力的人，都是后来的赢家。你能说那参加马拉松比赛，先让别人在前段超过，等到后段别人体力不足时，再以稳健步伐超越的人，是在耍诈吗？

当你下午，得意地把被老师评为“A+++”，还附带一个“好极了”（excellent）的读书报告拿给我看时，我只淡淡一笑：“不错！问题是，你下一次要得几个‘+’呢？其实一个‘+’也就够了！”

相信你对我的回答非常失望，甚至有几分懊恼。那么，听听我的道理吧！

我在你的这个年岁，曾经读过朱光潜先生的《给青年的十二封信》，其中有一句话，留给我很深的印象。大概的意思是：当你读错一本书的时候，不要以为你只是读错了一本书，因为同时，你也失去了读一本好书的时间和机会！

你或许要问，这跟写读书报告有什么关系？你非但不是读错一本书，反而是读对了一本书，用十六个小时研究，写出一份完美的读书报告。

问题也就在这里了！当你用十几个小时读一本书，是不是相对地，那十几个小时也就没能照顾其他的功课呢？

朱光潜给我的启示不仅是读书，而且还有对时间的看法。时间不同于物品，后者可以从外面获得，前者却不论怎么想办法，你的每一秒钟还是跟别人的每一秒钟一样，是借不来，也留不住的。

换句话说，我们看时间，要永远是“双向”的。什么是“双向”？让我举个例子。

譬如你我二人参加竞选，共有十人投票，当我得四票，你得六票时，你不要得意地认为比我多了两票。因为下次选举只要有一个原本支持你的人转而支持我，就变成五比五的平手了。这是因为票数固定，不是投给你，就是投给我。那么这一票所造成的影响就是“一边少了一票、一边多了一票”的双向差异。

同样，时间也是固定的，不是用在这里，就是用在那里。用在这里的时候，往往不能用在那里。现在，我请问，当别的同学只用五小时就完成报告，并获得“A”的时候，他们是不是可以用比你多出来的十一个小时，做其他的功课，或准备考试？至于你，会不会因为过度关注这一份读书报告，而偏废了其他的科目？

记不记得你在初中时，曾有一次为了做科学报告，弄到深夜，没精神准备次日的考试，第二天又没能提早起床念书，结果不敢去上学？

这么说来，你的那份科学报告，就算得 A+++，又值得吗？你的老师可能因为你这份读书报告写得好，而让你下次不必写报告吗？或者因为你好得过分，而给其他同学的报告，都评为“B”吗？

错了！不论你多么超水准，别人只要达到水准，仍然可以获得应有的分数；不论你这次表现多好，下次没有表现，还是会掉下来。人生是一连串的比赛，你在初赛拼命透支跑第一，如果复赛跑得差，还是可能被淘汰。如此说来，那前一场的透支，岂非得不偿失？反不如先保留些体力，只求进入复赛，到最后再全力发挥。

有位朋友对我说，当他参加政府办的训练班时，明明很会整理内务，但头几天故意做得不十分完美，愈到后来愈加劲，往往获得辅导员的赞赏，而且得到很高的分数。因为所有的指导者，都乐于见到天天进步的学员，而非原来不错，后来却难以更好的人。

说实在的，我这位朋友的做法很诈，是不值得模仿的。但你也要知道，在人生的战场上兵不厌诈，许多起初保留体力、隐藏实力的人，都是后来的赢家。你能说那参加马拉松比赛，先让别人在前段超过，等到后段别人体力不足时，再以稳健步伐超越的人，是在耍诈吗？

同样体力的选手、同样实力的棋士，可能由于他们分配体能和时间的差异，而分出胜负。在实力相当、时间相同的情况下，那事先的计划，才是制胜的关键。

曾有人问孔子说："以德报怨好不好？"

孔子回答："那你又用什么来报德？所以以直报怨就可以了，然后才能以德报德！"

你如果问我："用全部时间写一份读书报告拿 A+++ 如何？"

我要回答："那你又用什么时间做其他功课呢？所以拿个A或A+就成了，然后你才能用剩下的时间去研习别的科目！"

这两个看似不相关的答话，表现的精神却是相同的——

Reasonable！适度的！合理的！

唯有当你有合理的计划之后，才可能获得合理的结果。

对于你在各科需要平均发展的现阶段，我提出以上的意见！

刘轩的话

专才与通才之间

我了解老爸在这篇文章里所谈的事，但我也想反驳：老爸！你应该开心，我以这样精益求精的态度去拿到"A＋＋"的是我感兴趣的科目，想多研究，为什么不行？如果这是关于"西屋科学奖"的，说不定我就得奖了啊！

这跟《为什么不说"不"》那篇的态度是一样的。因为时间是我自己规划的，如果我没有失去根本，为什么不能多花一点时间在有兴趣的事上？偶尔为学业或工作废寝忘食，其实还蛮有成就感的。

当然我也理解老爸所谓的通盘规划。当我们在准备会考 SAT 时，被教导一个观念：不要因为一两个搞不懂的题目花太多时间，结果没办法及时完成，必须有“good enough”（够好了）的观念。对完美主义者来说，这真是个进退两难的课题！

迎向战斗

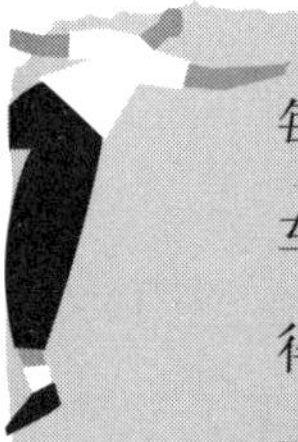

每年在美国的高速公路上，不知有多少鹿被车撞死。一般街道上，也总有猫和鸽子被碾得稀烂。你知道这是为什么吗？因为它们在夜晚看到强光时，常会发呆地站在原地，不知逃跑。

早上你起得很早，却迟迟不见走出房门，直到我过去察看，才发现你居然坐在床边发愣。

遇到紧急状况却发愣，是你的老毛病。我一直记得有一次，当你母亲半夜有急病，我把你叫醒之后，你也是站着发呆，直到救护车开到门口，才稍稍清醒。

我与你同学的家长谈到这个问题，她居然也有同感，并说从多年的观察中发现，十几岁的大孩子常是用这种方法来放松自己。她说现代社会和学校的压力太大了，孩子受不了，不得不用这种让脑海空白的方法，使自己能获得暂时的松弛。

我同意她的观点，但认为更好的说法应该是：当一个过去处处都由父母安排的孩子，逐渐地完全面对他自己的世界时，往往就会有这种表现。实在讲，那是逃避，所幸他们在暂时的逃避之后，多半能再站起来，面对眼前的问题。

但是如果一个年轻人不断地逃避，总以这种发愣的方式面对问题，等着别人解决，或让事情自然过去，装作与自己无关，会怎么样呢？我可以告诉你，这种人很多！甚至成年人，已经进入社会相当长时间的人，也可能有这样的表现——那就是沮丧和忧郁症。

有一位患忧郁症的朋友对我说，当他不得不打电话给某人时，却又往往希望某人不在。他既不得不面对问题，又不敢面对问题，整天躺在床上，用棉被蒙着头，缩作一团。

那棉被是什么？

是鸵鸟用来藏头的沙土！也是婴儿母亲的怀抱！

孩子们遇到困难时，总会躲进母亲的怀抱。在我们成年之后，虽然知道母亲不能再为我们解决问题，却在潜意识里仍然存有那种逃避和找寻安慰的想法。因为它是最原始的回应，在我们童年的记忆中，也是最有效的。

就因此，成年人还总是叫："我的妈啊！"许多长得高头大马的青年，甚至花了发的中年人，也可能躲在母亲怀里痛哭。

问题是，母亲不在，怎么办？

他便用棉被蒙起头来，或是躲在角落里发愣！

所以当我发现你有发愣的习惯时，一个想法是：那很自然！每个年轻人，在成长的过程中，都会这样，是为他下一刻的战斗积存力量。另一个想法则是：这是很重要的时刻，我必须教他如何减少逃避的想法，立即进入现实，因为这个充满竞争的世界，是不等人的。

记得你小时候玩耍时常说"play opossum"吗？意思是装死，因为负鼠（opossum）这种小动物，遇到强敌时就会装死。

相信你也见过许多昆虫，在被人抓到之后，会立刻仰面翻倒，一动也不动。

你必然读过两个人遇到狗熊的寓言故事，逃不掉的人躺在地上装死，而没有被狗熊攻击。

你觉得这些装死的行为是不是很聪明呢？我可以肯定地告诉你，那非但不聪明，而且最危险，因为它们以放弃的模式面对困难，就连抵抗的机会都没有了。

每年在美国的高速公路上，不知有多少鹿被车撞死。一般街道上，也总有猫和鸽子被碾得稀烂。你知道这是为什么吗？因为它们在夜晚看到强光时，常会发呆地站在原地，不知逃跑，所以尽管有最长而善跑的腿、最佳的弹跳能力和最强的飞行能力，却遭遇了悲惨的命运。

由此可知，并不是任何情况都允许你做暂时的逃避与停驻，不论你有多么强，面对紧急状况时，都必须立刻武装，立即回应，主动出击！

最困苦的时候，没有时间去流泪；最危急的情况，没有时间去迟疑。

在未来的岁月，希望每当你犹豫彷徨、面对压力而不知所措时，都能想起这几句话，把自己抓回现实，迎向战斗！

刘轩的话

脑内的战事

迎向战斗的反应，就好像当兵时从洗“战斗澡”到组装枪支，是用基本动作建立程序，再反复训练，锻炼出速度。这是必要的，因为如果每个动作都需要思考，就会来不及。

要克服晨起时的发呆，得先拟出一套起床的习惯动作，从刷牙到穿鞋出门，反复演练到滚瓜烂熟。如此一来，脑袋还是可以发呆，但身体同时在动作，也不会因此被老爸老妈数落了。

但是当大事临头，不知道该如何反应时，人们多半还是会呆在那里，思考片刻，然后才行动。没有想好就冲进战场，也是死路一条，所以我还是想说：如果希望孩子有行动力，也要给他一些思考和练习的空间，而非一个劲儿地催促。

收敛光彩

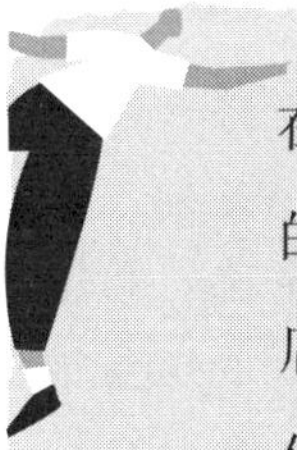

在纽约中城的第五街上，有许多人穿着昂贵的貂皮大衣招摇过市，在华尔道夫这类大饭店里，有一堆人穿戴得珠光宝气，为什么我们竟连一小条纯金链子，也不准你挂？

当夹在耳垂上的那种耳环刚出现的时候，我听见你奶奶说："真好啊！用这种耳环就不怕被扯掉耳朵了！"

我不懂，她就为我解说：

"想当年，在上海，有些坏人就站在桥头，当黄包车顺着斜坡快跑而下的时候，伸手抓车上贵妇的耳环，因为那时大家都用穿耳洞的，所以一扯就可能撕掉半个耳垂，等车夫收住脚，坏人早跳下桥跑掉了！”

刚来美国的时候，朋友对我说：“即使是二十五美分的硬币，也不能留在车上，否则有人要偷硬币，就会砸烂你的车窗！”

我说：“只不过几十美分，犯得着砸破那么贵的车窗玻璃吗？”

朋友答：“他哪里会管你！尤其碰到那急着打电动游戏的不良少年，心里只想着硬币，怎可能考虑你要花多少钱修玻璃？”

去年暑假，我在电视上看到一则让人触目惊心的新闻：就在你每天搭乘的F号地铁的康尼岛站，两个黑人少年一枪打碎了一个年轻人的脑壳，只是为了抢他身上漂亮的夹克。

由于你在餐桌上抱怨母亲取走了祖母送你的金项链，我不得不讲以上这三个真实故事给你听。

你或许会讲：在纽约中城的第五街上，有许多人穿着昂贵的貂皮大衣招摇过市，在华尔道夫这类大饭店里，有一堆人穿戴得珠光宝气，为什么我们竟连一小条纯金链子，也不准你挂？

那么让我告诉你，在中央公园旁的高级公寓里，可以看见全身戴几十克拉钻石的女人进进出出；在第凡内的橱窗里，可以见到成片的珠宝。至于华府白宫的盛宴及好莱坞明星聚会，更可以说是名牌服饰与珠宝的大展览。你是不是要拿自己的环境跟他们比？如果你也有司机开车到门口，带枪警卫为你拉门，送你上车，当然可以。

问题是：你是一个每天要转四趟地铁与巴士的学生啊！同一条金项链，在我前面说的那种场合是不值一提的东西，换到你所经过的地方，在某些人的眼里，却可能值你的一条命——如同那二十五美分硬币、耳环和夹克，值一大片车窗玻璃、一块血淋淋的肉和一条宝贵的生命一般！

记住，不要以市场价值来衡量东西，而要从环境来考虑，因为同一杯清水，在沙漠与河边，价值是不同的。

避祸，最重要的是不惹祸！不引人犯罪，不诱人垂涎，不招人觊觎！

希望你牢记我的话，知道什么时候应该收敛光彩！

刘轩的话

足下的才是宝

老爸老妈居然把我的金项链没收，但那哪算招摇啊？美国那些嘻哈歌手身上挂的金子比法老王还多，而我只是戴了个小小的十字架。老爸老妈可能多虑了。他们一定不知道那个年代，在纽约，最遭人嫉妒的其实是名牌球鞋，脚上穿着太过名贵的鞋子，反而比戴项链更危险呢！

玩物丧志

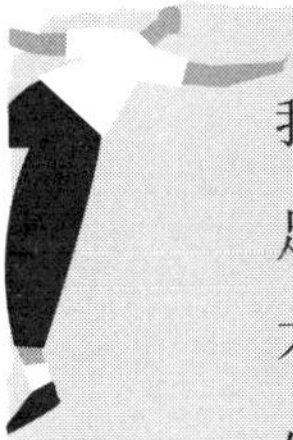

> 我每个月花几万块，让他高高兴兴、十分满足地坐张闲椅子，不用几年，他就因为跟不上社会的脉动，而不再是个人才。到那时候，再放他出去，随便谁去聘请吧！

这两天我一直有点纳闷，因为每当我跨进你的书房时，似乎你都紧张兮兮地按下电脑的一个键，屏幕上也便呈现几行我看不懂的字。我猜想你必是在搞什么鬼，可惜自己对电脑外行，所以当你说正在做功课，我也只好点点头，满腹疑惑地走开了。

今天当你打电脑时，碰巧有同学的电话进来，你只顾回身接电话，终于被我抓到——

你居然在复制电脑游戏。

而我进一步搜索后，才发现你居然还有十几个待复制的电脑游戏。

当我拿着“赃物”走出你的书房时，你的脸色突然变了，惶恐地冲出来，请我手下留情。

年轻人！我是多么心疼你的惶恐啊！但我又是何等不忍看到你因为功课做不完而睡眠不足的样子！如果你能功课、睡眠和运动兼顾，我怎么会专制到不准你玩电脑游戏呢？即使你想拷贝一百个，我也没有意见啊！

是的，照你说，同学只能借你几天，再不拷贝就来不及了。问题是如果他借你几十个，而且限定你第二天还的话，你是否就要整夜不睡呢？

这世界美好的东西真是太多了！电视上有看不完的好电影，等着你录，可是你有没有时间看？当你向前看还来不及的时候，岂能不断向后看？那只会使你摔跤的！

不知道你有没有发现，我最近很少拍反转片，照相机里虽然装着底片，却只有在遇到最难得的情况时，才按下快门。因为我发现过去拍的反转片，已经看不完，许多反转片只有在刚冲好的时候，能够对着光瞧一眼，连装进幻灯机的时间都没有，便束之高阁。

再想想！这世上可读的好书真是太多了，几辈子也读不完。问题是，如果每一位作家都穷毕生之力，去读别人的东西，又怎么可能有时间创作呢？

你必定记得我曾经带你去过一个爱好摄影的朋友家，他的书架上放着上千卷的影片和录影带，说是为了嗜好，绝不舍得将拍好的带子洗掉重拍，所以积下那许多。问题是，他偌大的家业全没了。他有最好的电影摄影机，却买不起胶片；他有最好的影印机，却因为没钱请人保养、装炭粉，而无法使用。他的妻子离他而去，即使他留下的千卷影片和带子，也因为只知拍摄，不知取舍，而难有杰出的作品。那么，他能算是成功吗？

“玩物丧志”，这句话不一定正确。因为许多人由玩物的嗜好，进而成为行家。但你也要知道：只有懂得“进退”，知道什么时候停下脚步、精益求精的人，才能成功。至于耽迷其中，不懂取其精华、弃其糟粕的人，则必然要真正“丧志”了！

好比一群画家进入大花园写生，有些人很快地浏览，找到中意的花卉之后，就开始写生；有些人觉得每种花都漂亮，都“绝不能错过”，结果左挑挑、右拣拣，再加犹豫一番，到头来什么也没画，徒然跑得一身大汗。

那么现在你所说的“这里的每个游戏都好玩儿，绝不能错过”是不是有道理呢？只怕当你终于有一天，有空拿出来玩时，早有更进步、更精彩的东西被发明出来！如此说来，挑几个玩玩，不就够了吗？

我尤其担心的是，如果你不知取舍，今天损失还小，只怕未来会落入别人的圈套，而断送前途。

有一位杂志社的老板曾对我说：“某人是个人才，我要高薪把他聘到！”我问：“可是你已经有那么多人才，聘下这个人，你有没有事情给他做呢？”

“没有！”那老板居然说，“但是总比落在别家杂志社的手上要好，我每个月花几万块，让他高高兴兴、十分满足地坐张闲椅子，不用几年，他就因为跟不上社会的脉动，而不再是个人才。到那时候，再放他出去，随便谁去聘请吧！”多么可怕！他用每个月几万块的薪水，买了一个人的志气，也可能埋葬一个人才！

且不说未来，如果今天有位同学，嫉妒你的成绩，一下子借给你几十个好玩儿的电脑游戏，是不是也可能使你因为彻夜复制而精神不济、健康衰退，而把功课荒废？

只有知道衡量事情的轻重、缓急、先后与进退取舍的人，才能成功，也才不会落入别人的圈套！

请记住我的话，一生受用！

刘轩的话

玩物也能立志

我在看这篇文章时，忍不住想着原来我以前和现在有一样的毛病。不过我必须说，老爸虽然认为我在拷贝电玩，但其实我有个更大的乐趣，即破解电玩。也因此，当年我对程序语言是愈来愈熟悉，几乎成了一个小小“黑客”。如果让我继续研发下去，也许现在真成了一名超级“黑客”！

每个人都有搜集东西的习性，从邮票、棒球卡，到搜集电影、音乐等。我不觉得搜集是不好的行为，因为搜集多了，可以成为鉴赏专家。

“玩物”不一定会“丧志”，如果能在玩物中玩出学问，何尝不是“玩物立志”？

肆情的夜晚

你会觉得自己一下子成熟了，你也可能觉得在深夜的街头，几个同学攀肩搭背，装成仿佛喝醉酒步履蹒跚的样子，不管人们已经熟睡，肆情地唱着、叫着，有一种特殊的过瘾。

还记得那次你们排练了一个月的歌剧《咒语·秘笈·水晶球》（*Spells, Scrolls and Crystal Balls*）总算在“到场家长们的掌声与未到场家长们的怨声”中落幕了。到场欣赏的家长，都惊讶于你们精彩的演出，而不会责怪时间拖得太长；未到场的家长则可能焦虑地在家等到一两点钟，才见他们的子女回来。

至于你，天哪！居然玩到天亮！

虽然十分疲惫，你却一进门，就兴高采烈地述说演出时的糗事，和两百八十多人庆功舞会的过瘾。我相信，那必将成为你终生难忘的夜晚。

大多数人的记忆中，都会有这种兴奋的时刻。譬如我至今总想起小时候中秋节，大人们在瓜棚下纳凉，孩子们在四周扑萤火虫，或在漆黑的田埂上追逐的画面。

我也不会忘记初中毕业旅行，夜宿狮头山，大家出去摸黑，看见月色下的塔影，所留下的深刻印象。甚至大学时全班外出旅游，住在金山的一个营地，晚上溜出去吃消夜，食物中毒送医院急救，都成为美好的回忆。

妙的是，那些刺激的、浪漫的、难以磨灭的时刻，往往发生在没有父母约束，可以放肆、冒险的场合。

那个夜晚，对你来说，不正是如此吗？

当你在炫目的闪光、震耳的音响、腾腾拥挤的人气与汗酸味中，跳着、喊着的时刻，该有多么过瘾哪！一个多月，为了演出而聚在一起的同学，落幕之后，就要各回自己的班级，难得再聚首了。于是谢幕时的掌声，便带着一种光荣与凄美。至于那通宵的舞会，不是就更显得壮丽而充满豪情了吗？

你会觉得自己一下子成熟了，你也可能觉得在深夜的街头，几个同学攀肩搭背，装成仿佛喝醉酒步履蹒跚的样子，不管人们已经熟睡，肆情地唱着、叫着，有一种特殊的过瘾。

我和你的母亲，就是为了让你在生命中留下这难忘的一刻，而宁愿忍耐那焦虑的等待。

可是，天已经亮了！上班的人都开始出门了，小鸟们也准时出现在枝头鼓噪，垃圾车正轰隆轰隆地开过门前。那个夜晚对你来说，固然是那么不平常，这个世界却还在一如平常地运转。你，是不是也该恢复常态呢？

成人晚上带有少许酒味，是被人们接受的，但是如果早上带有酒气，则受到轻视。因为早上应该迎向工作，多么放肆的夜晚，也要在此刻结束。

只有知道收束的人，才有资格纵情；只有早晨知道迎向光明的人，才可以享受一些夜的绮丽。

在你的未来，必有许多那样的夜晚，希望你都能知道收心，而有个明朗清新的早晨。

刘轩的话

人不痴狂枉少年

看着话剧演出时的照片，瞬间将我带回当年的情境。在那场演出里，我和朋友一起付出，顺利完成后，获得很大的成就感。我们在城里狂欢，感觉纽约市是属于我们的。虽然如今想起来，当时只是小孩在扮大人，但长大之后，知道天高地厚，反而很难再有那样的感觉。现在年纪大了，必须早起上班，在生活压力下，也没了体力和时间。我认为在人生的每个阶段，都会有该做的事、该有的享受，所以我很感谢老爸老妈那天晚上给我自由，让我拥有如此美好的回忆。

纽约史岱文森高中学生演出歌剧《咒语 · 秘笈 · 水晶球》。

手足之情

当你蹙着眉，似乎有些忧心地问我“小妹妹出生时脐带绕在了脖子上，会不会有不良影响”时，我突然领悟了：手足固然可能从父母那里，分享原属于自己的时间与物质，但是他们也彼此给予了关爱与帮助。

从清晨五点零六分开始，你在人生的旅程上，又多了一个伴侣，那就是你的妹妹。

她有三点五千克重，身长五十四厘米。你的母亲说她长得跟你出生时有点像，我则认为太小，还看不出来。但是无论外表相似与否，她和你是同胞兄妹，流着同一脉的血液，且将在同一个家庭里成长，当然是会相像的。

中国人称兄弟姐妹为手足，正比喻了其间密切的关系。手足同样由身躯伸出，他们靠着同一心脏压缩出的血液生存；他们彼此扶持，荣辱与共。在我们的生命中，可能有许多朋友，但没有任何朋友能完全等于手足。朋友可以与你绝交，从此便不再是你的朋友；夫妻可以离异，从此不再是夫妻。但是手足即使有了摩擦，产生争执，甚至登报脱离关系，他们也实实在在还是同父母所生，那与生俱来的“同”，是无法改变的。

记得你小时候，每当我们问你是不是希望再添个弟弟或妹妹，你都大声抗议，说小奶娃会吵闹，大一点还会弄乱你的东西、砸坏你的玩具。那时候我确实也认为多个孩子，会分享你的一切，这或许因为我自己是独子，不太能了解手足之情。

但是当你蹙着眉，似乎有些忧心地问我“小妹妹出生时脐带绕在了脖子上，会不会有不良影响”时，我突然领悟了：

手足固然可能从父母那里，分享原属于自己的时间与物质，但是他们也彼此给予了关爱与帮助。他们是父母逝去时，站在送葬行列中，与你同样伤痛的人；他们也是当你父母都离去之后，能够让你回忆起幼时家庭生活的人；他们可能是你遇到挫折，甚至夫妻失和时的避风港。因为他们与你有相同的生活经验和无可改变的血缘关系，自然也有着共同意识。

你与你妹妹有着十七年的差距，你们或许不容易玩到一起，你也必然先要对妹妹做单方面的付出。可以预见的是，当你赚钱的时候，妹妹一定会向你讨红包；当妹妹能跑爱跳的年纪，你也必然得带她出去玩，她会成为你的一个小累赘。但是进一步想，你会发觉未来有妹妹向你提供属于另一个年龄层次的资讯与理念，而且随着她的成长，也会带给你很多意想不到的欢笑。尤其是当你年老，年轻十七岁的妹妹仍然活力充沛，那也就是她回馈你的时候。

有一位美国朋友对我说：

“每年感恩节时，我特别急着赶回乡下的老家，因为平常回去看到的只是父母，唯有感恩节时，能见到所有的兄弟姐妹，大家打打闹闹，好像一下子又回到了童年。”

有一位在台湾地区的大陆老兵对我说：

“人人都返乡了，但是我没回去，因为我没有兄弟姐妹。父母死了，回去看谁？”

有一天你会发现，手足不但是父母生命的延伸、童年记忆的延伸，而且是故乡的延伸！

刘轩与小帆兄妹个性相异，但对音乐都有着深厚喜爱。

刘轩的话

再写一封长信

哇！看到这篇文章时，我心中有很大的感触！

老实说，妹妹出生后，我就离家上大学了，之后一直住校，因此少有机会回家见到她；再后来，见面的时间就更少了。从某方面来看，我长大的过程就像个独生子，而她也像个独生女。我们应该有共同之处，但我们的个性相当不同。大家常说我比较像我妈，喜欢与人相处；妹妹则比较像我爸，态度严谨又自我要求甚高。老爸对我们的教导非常不同，他对我奇严，对妹妹却又极松。妙的是，妹妹较像在老爸教导我的方式下成长的孩子，我却像在老爸教妹妹的方式里所长成的样子。

我和妹妹的感情很微妙，自小她谁都不怕，却单单怕我。生病拒吃药时，只要我一出现，她就会乖乖张嘴。很多时候我会以直接的方式与她沟通，因为总觉得她小公主当惯了，需要像我这样的角色来调教。

还记得妹妹十六岁生日时，我发了封电子邮件给她，写了许多感性的话，像是虽然我们相处的时间不多，但以后一定会愈走愈近之类的。隔天，收到她的回信，原以为她也会写上长长的一篇，孰料，居然只有一句“Thank you”，让我非常错愕。但又想，起码她很快就给了我回复。若是她写信给我，也许我会为了回她一封很长的信，而拖延许久。

我盼望有一天，能和她在哥伦比亚大学旁的餐厅坐下来，好好聊聊彼此的生活——据说哥大的学生在那儿会有不错的折扣呢！

起床难

民间故事中参加十二生肖选拔的猫，它原来跟老鼠是好朋友，没想到说好请老鼠叫它起床，老鼠却食言，自己去参加了选拔，成为十二生肖的老大。所以，今天的十二生肖里没有猫！

“请转告你的女同学乔安娜，如果她愿意早上打电话叫你起床，我愿意每通付三美元的报酬！”我非常感慨地对你说，这不是开玩笑，是真的！因为我发现当我和你母亲叫你三四次都不管用的情况下，乔安娜一通电话，你立刻就从床上跳了起来。

唉！父母就这么不如女同学或女朋友吗？

当然你有你的道理，说因为乔安娜在电话那头等，但你为什么不想想，父母正在你的床前等呢？我先是叫你，然后推你，最后不得不丢一条湿毛巾给你，而你居然把毛巾盖在脸上，仍然呼呼大睡。可是为什么当我只是小声说“乔安娜电话”，你就立刻清醒过来？这么看，你起不了床，全是装的！

你原来有一个电子闹钟，说是声音太悦耳，不管用，于是我又为你买了一个上发条的大闹钟。每天深夜，当你嘎吱嘎吱地上发条时，连楼下书房都可以听到；每天早上，当那闹钟冷不防地叫起来时，家里每个人都会被惊醒。只有你——这个上闹钟的人，还在呼呼大睡，居然连将闹钟按下去的能力都没有！

于是我虽然早上不教课，也只好起来叫你了。所以我说，你是用铁闹钟控制我这个肉闹钟，甚至控制了全家的睡眠！你是不尊重自己的时间，更不尊重别人的安宁啊！

记得我在南卡罗来纳教绘画时，有一次造访湖滨艺术家的小木屋，那房子只是一个大通铺，却睡了五六个嬉皮士般的年轻人。

有意思的是，在墙边壁炉上，居然放了一排各色的闹钟，我当时好奇地问："为什么不把闹钟放在各人的身边呢？"

你知道他们怎么说吗？他们回答："因为这样才不会赖床！每一个人听得出自己闹钟的声音，生怕多闹半声，会吵到别人。所以不论天气多么冷，炉火多么不足，只要闹钟一响，立刻就会跳上去关掉，甚至还没响，就自己醒来。"

"你们是自由艺术家，不必上班，何必上闹钟呢？"我笑问。

"人可以不必起床，但不能起不了床！"

连生活最随意的嬉皮士，都懂得自制，你这个每天要按时到校的学生，却一拖再拖。

很简单！因为你知道父母不会让你迟到，你的老爸会三催四请，你的老妈会坐在车上打火待发地等你。可是当有一天，你必须自己起床怎么办？

你就整夜不敢睡，或一夜惊醒好几次，对不对？这正是你参加纽约全州演讲比赛，现场精神不济而失利的原因。你怕参加同类比赛的室友自私得不叫你起床，所以不敢睡！

所以我说你像民间故事中参加十二生肖选拔的猫，它原来跟老鼠是好朋友，没想到说好请老鼠叫它起床，老鼠却食言，自己去参加了选拔，成为十二生肖的老大。

所以，今天的十二生肖里没有猫！这个在中国流传上千年的古老故事，不是已经讽刺起不来床的人了吗？记住！人们需要闹钟，是因为不敢信任自己的生理时钟；至于那除了闹钟之外，还要请别人催促起床的人，就是不信任自己的毅力了！

人不能相信自己，是最可悲的事！将自己的成败完全寄托在别人身上，则是最可哀的事！所以不要认为起不来床是小事，那实在是不能对自己完全负责，在性格上有缺陷的严重病态呀！

当然，你可能不是起不来，而是在拖，但你记得洋人常说的一句话吗——

“看着要跑……看着要跑……真跑了！”（Going, going, gone!）

“因拖而迟到”与“起不来”，有什么大不同？

所以，还是请你转告乔安娜吧，我要请她帮忙。

刘轩的话

就在那瞬间

关于这点，我不需要做太多回应，因为我承认这是自己的一大毛病！

研究指出，发育中的青少年比成年人更需要睡眠，不像老人家也许只要睡四五个小时就足够了。我从小就嗜睡，还曾经在地铁上睡着，直到开出纽约市好几站才醒过来。

后来自我检讨，发现“不赖床”这件事，光靠意志力是不够的。为什么即使设定闹钟也还是醒不了？因为设闹钟时的心态跟闹钟响时的心态是不同的，总是等到睡过头后才来责怪自己，容易变成惯性，而愈来愈麻痹了。其实起床的行动是可以训练的，多练习闹钟响起时的反射动作，渐渐地，就能在“第一时间”跳起来——这正是我现在使用的技巧！

第二章 风范

一个男人

可能做不到，

一个少年却能！

人体机器

眼力不行了，手发抖了，体力差了，当然画风也得改！年轻时画工笔勾勒花鸟，这时难免要改为粗笔写意，甚至泼墨。所以，一个时期画一个时期的东西。少年时不必装老，老年时也不要强作少年。

我很喜欢跟医生聊天，因为他们常能讲出蛮“唯物”的道理，在我这个相当“唯心”的人听起来，有一种特殊的刺激，也能帮助我反省。

其实用“唯物”这个词是不够准确的，倒不如说是“很实际”，他们常把人的身体当成一架机器，坏了就要修理，不修就会出问题，甚至连情绪的变化都能用科学的方法来分析。

譬如说从血清素（Serotonin）和正肾上腺素（Noradrenaline）的含量，能知道一个人忧郁的倾向；从染色体的排列异常，分析出与犯罪的关系。甚至连凡·高作画的强烈色彩，都有医学界的人认为与他治疗药物造成的刺激有关。于是当我们把出了问题的灵肉之躯带到医生面前，他们很可能把它当作“物”来分析，对准那出了问题的地方修理。

晚上，纽约著名的艺术收藏家杨思胜医生到画室来聊天，便带给了我一些新的感动，他说：

“许多画家，你看他老年的作品不怎么样，却绝不能否定他，因为如果拿出他中年期的作品来看，可能好得不得了，这有什么办法呢？人的身体是有限的，譬如我年轻的时候记忆好极了，可是现在叫我记东西，却得拿出本子写，因为动不动就忘。

“当一个画家的身体情况改变，眼力不行了，手发抖了，体力差了，当然画风也得改！年轻时画工笔勾勒花鸟，这时难免要改为粗笔写意，甚至泼墨。所以，一个时期画一个时期的东西。少年时不必装老，老年时也不要强作少年。一个人的艺术地位，要以他各个时期的不同成就来衡量。”

他的这段话使我想起有一次诗人聚会，大家都有个感觉，就是成年时作品所使用的词汇和典故，居然大部分是学生时代习得的。中年以后，尽管吸收得不少，也试图强记一些东西，却没多少能流到笔端。

我也确实发现，由于教科书是统一的，每几年会有些更动，居然由记者或作家们写稿时所用的词语，常能分析出他们大约是哪一年次的。因为同时间学到的东西，尤其是古文中的特殊句法和词汇，很自然地被带入他们的作品之中。

此外你会发现，年轻时喜欢用险怪艰涩词句的作家，往往到了老年用词变得平易。这一方面因为他们的人生境界高了，不再需要卖弄渊博。另一方面，更由于经过岁月的过滤、遗忘，自然留下那最常用、最实用，也最真切的东西。他们的作品确实不再绮丽、辛辣、诡谲，而变得平淡，但是平淡得妙，仿佛摇篮边母亲的话，更能触动我们的心灵。

问题是，他们如果没有少年时的饱学、青年时的峭拔、中年时的雄浑，就不可能有老年时的平淡入妙。

我觉得人生就像是开矿掘金。像你的这个年龄，体力、记忆力都强，就要努力挖掘，尽量吸收，不要怕脑子装不下、库房不够大，而应当唯恐不足，拼命充实，真正做到博闻强识。

青年期则是将矿砂分类、学问分门的阶段，也就是开始求精；到了中年，虽然看来拥有的矿砂愈来愈少，却正是你体力可以处理的量，也正是你可以运用丰富经验，提炼出纯金的时刻。

至于老年呢，那是你可以把纯金打造成精美艺术品的时候。在打造的过程中，那金的重量不会增加，甚至可能因为切割烧熔而损失，却能进入更高的境界。

请问你有没有为长远的未来，趁自己年少的时候努力挖掘？

请问你是否已经有一满库的矿砂，可以让你用未来的岁月去提纯、去精炼？

刘轩的话

机器的维修保养

不管是学习语言还是其他技能，确实都有所谓“黄金时段”。举例来说，许多语言学家认为孩子过了十三岁左右，学习外语的潜力会改变。即使学得好，也很难达到和母语一样透彻理解的程度。

我们应该趁年轻时多学些东西，而且不只是课本上的东西，也应多运动身体，让我们的机器在“动”与“静”上都能伸展到极限。

所谓“活到老，学到老”，我也同意。有些事太年轻时还真学不来，需要历练才能领悟。再说，人如果不一直学习，跟着时代改变，便很容易停留在昔日的思考模式，变成所谓的LKK（老古董）。机器生锈了，再动起来就更难了！

有医学界的人认为，凡·高作品的强烈色彩与他所受到的药物刺激有关。

比，才有进步！

过去你只要在一乡跑得最快，就被人们称为“飞毛腿”。但是后来有了全国运动大会，进而参加了奥运会。直到这时候，许多中国人才发现，原来自己在武侠小说里崇拜的“草上飞”和“浪里白条”，到了世界级的竞技场，只能勉勉强强地殿后。

晚上，当乔安娜打电话来的时候，我顺便问了一句：“她的功课比你好，还是比你差？”而在你答“比我好一点点”之后，我有些惊讶地继续问：“你已经是平均九十六点多，她居然还要更好？”

这时你似乎有些不太高兴地说："这又怎么样？我们同年级还有一个叫阿曼达的女生，平均九十九呢！人漂亮，参加的活动又多，而且还交男朋友！"最后你气呼呼地扭头而去，还撂了一句英文："Why always compare me with other people？ To each his own!"（为什么总是拿我跟别人比？我是我，人家是人家！）

多年来，几乎每次当我将你跟别人比较时，你都会有这样不愉快的回应，而在我与其他家长聊天时，也知道他们的孩子同样不喜欢比，也都曾抱怨自己的父母喜欢比。

不错！美国是一个大的国家，九百多万平方千米的土地任你驰骋。此地不留人，自有留人处，你确实可以不必处处跟人比，而找到自己生存的空间。

但是，你更要知道，当你想往高峰爬的时候，也便有来自同一片土地的精英与你竞争，这也就是你能获得纽约市演讲比赛冠军，到了纽约州却败下来的原因。再想想，就算你能在全州得到冠军，到了全国大赛又还有得胜的把握吗？

其实我们从出生就面对这个充满竞争的世界，我们一方面该庆幸自己能生在科学昌明、生活富裕的时代，一方面也得知道，我们面对的是知识爆炸时代的竞争。

何止科技、知识的竞争，连体育也是如此，想想四十年前的体育纪录，再看看今天的最好成绩，当时的世界金牌得主，只怕今天都无法进入决赛，甚至不合参加的最低标准。

过去你只要在一乡跑得最快，就被人们称为“飞毛腿”，神气得不得了，因为那是交通不发达，越过一个山头，就换一种口音的时代。但是后来有了全国运动大会，进而参加了奥运会。直到这时候，许多中国人才发现，原来自己在武侠小说里崇拜的“草上飞”和“浪里白条”，到了世界级的竞技场，只能勉勉强强地殿后。

但是也正由于比，人们开始提升自己的标准，追求更高的理想，从失败的痛苦、愤懑中激发力量，并学习别人的长处。今天华人在许多方面，不是已经超过西方了吗？

比，确实不是很愉快的经验。那不愉快，是因为打破了自己编织的“满足的梦”，也可以说是使自己面对了现实。有什么事情比你面对敌人，当面交手，来得更真实呢？

所以有句俗语：“人比人，气死人！”周瑜更在屡次受挫于诸葛亮之后说：“既生瑜，何生亮？”意思是既然生了我周瑜，为什么老天又要生下诸葛亮呢？问题是，如此推下去，每个比赛的第二名，都愤愤地说：“如果得第一名的那个人没有来参加，我就是第一！”第三名说：“如果得第一、第二的人不来，我就是第一！”这世界还可能进步吗？所以在这个充满竞争的时代，我们即使得了第一，也应该用相反的方式来想：“只怕是有高手缺席，所以我能得冠军，他如果真来了，恐怕我就是第二！所以今后要更加努力，才能面对强敌，也才能保持既有的荣誉！”

如此，这世界就能不断进步！

不要认为不去跟别人比，就能减少面对敌人的机会，也就能比较快乐，因为你不去比，别人却要来跟你比，这个世界也总是把大家放在一起比！参加入学考试，当有人金榜题名时，就同时有人名落孙山；参加就业考试，当别人入选时，你就可能被淘汰出局；甚至我们能来到这个世界，也是从亿万竞争对手间脱颖而出，才得以受孕成为我们的。

请问你，哪一样事情不是在比呢？我们整个生命的过程，都是比！不是你高，就是我低！

比，不是狭隘地排斥别人，而是积极地参与；是认知别人，肯定自己；是精益求精，更上一层楼。孟子曾说：“舜何人也，予何人也，有为者亦若是！”就是由“比”，进而产生自我期许、积极努力的态度！

最后，我想问你，如果你不心存比的想法，为什么能记得那么清楚，乔安娜总平均分比你多了零点五分呢？

坦白说吧，你根本就在偷偷地比！

身高180厘米，学业成绩平均96.75分的刘轩高中同学乔安娜。

刘轩的话

不愿当一只老鼠

我当初为什么一直很不满意老爸用分数来比较？其实不服气的是比较的“标准”。

在史岱文森高中，大家都很会念书，考高分不难。记得当时全校的总平均分在九十分左右，在如此“评分膨胀”（grade inflation）之下，竞争往往只是小数点后的差距。而如果只以成绩来排名，会忽略很多其他细节，像一个人的创意思考、对学校的贡献、做人的品性等。

美国人把盲目的竞争形容为“老鼠赛跑”（rat race）。在学校争分数，进入社会争薪水，老了还要争子女，比谁的头衔高、房子大、小孩上什么名校……

我承认，“比”的确会进步，但也容易让人成为老鼠。老爸，对不起，我当年的态度那么差，但我只是想说：这不是奥运会的田径大赛，这是我们的人生，请不要以零点五分之差来做比较的基础！

不是玩票！

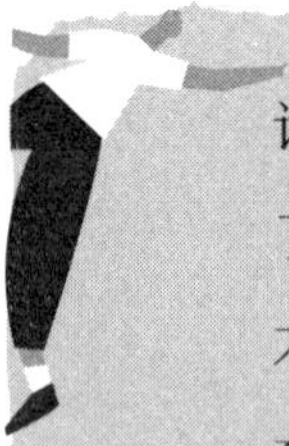

话剧排演时，一个女演员因为背错台词而笑了起来。从此以后，每演到那一段，她就忍不住地笑，愈是叮嘱自己别笑，愈笑。一直到正式演出，她还是莫名其妙地笑了！几乎笑垮一场严肃的戏。

有一天晚上，当我叫你预习即将出场比赛的演讲时，你先是不肯，后来则勉强应付，既没有预习上台的动作，结束时又伸出舌头，使我恼火地拍了桌子，你则吼着：“我只是个学生，在练习！”

当你冲出门去，我可以听见你愤怒而沉重的脚步声，更听见重重一击的声音，想必你捶了墙壁一拳。

对于你态度的恶劣，我原本要立刻发作，但是由于你母亲过来劝说："他只是个学生，你不能当他是职业演说家或记者一样训练。"才使我平息火气，决定写这封信给你。

我在学生时代，有一次参加各大专院校的联合话剧演出，排演时一位女同学因为背错台词而笑了起来。这原属十分平常的事，但奇怪的是，此后每当她演到这一段，就忍不住地笑，惹得其他演员也跟着笑。

导演火大了，命令她不准笑，可她就是忍不住。直到正式演出，她明明叮嘱自己"绝不能笑"，大家也不断警告她不要笑，她居然还是笑了出来。

闭幕后，她独自坐在后台痛哭，没有人知道该怎么安慰她，只因为她一次的不慎重，将这笑带入潜意识，使整场戏都受到了影响。

我至今仍记得临走时导演的吼声："不要以为你们是学生演员就可以马虎，要知道，你们是在演一场真正的戏，大家也是来看一场真正的戏！"

当我刚进入新闻圈时，有一位报社的资深记者对我说："不要看我这么成功，想当年做实习记者时，可受尽了侮辱。有一次送上一篇稿子，主编看了之后，叫我拿回去重写，他伸手做成要将稿子递给我的样子，却故意不等我接到，就松手了，稿子一下子滑到女同事的桌子底下，我趴在地上，从她的脚旁边把稿子捡回来……”

再说个亲身感触给你听吧！

有一回“中视”招考电视记者，许多人都无法通过播报新闻那一关，原因是他们不适应笔迹龙飞凤舞的新闻稿。

我当时抱不平地说：“记者为了赶时间，字多半写得潦草，连资深主播都得花一段时间适应，何况这些初出校门的年轻人！我们何不印几份特别清楚的稿子给他们？”

你知道新闻部经理怎么回答吗？他说：

“我们是用人的地方，不是训练人的地方！他们早该在学校里做好专业训练；进来之后，就是面对千万观众，难道还给他们在每天播新闻前来个预演吗？”

听完以上三个故事，你有什么感想？

敬业的态度，是从小就要养成的。你可以因为能力不足而出错，却不可因为自己是学生而马虎。尤其在今天，学校与社会是没有明显界线的。社会人士为了追求新的资讯，常要回学校进修；学生没有毕业，也就能成为社会的中坚。

过去人们会因为你是学生而让你，今天人们对你的要求只怕还会更高。

记住那位新闻部经理说的话："我们是用人的地方，不是训练人的地方！"从现在起训练自己，且训练出可以"被用"的专业才能与专业态度！

《红鼻子》被搬上舞台，一群非专业的学生演员演出了专业水平。

刘轩的话

说不出口的内心戏

我老爸训练演讲时，真的是六亲不认，一板一眼。前一刻可能还轻松地跟我聊天，下一刻便立刻拉下脸：“开始！”老爸瞬间变成魔鬼教练。我发现自己在父亲面前很难适应这样身份的转换。虽然知道他的训练很专业，但我宁可自己苦练也不好意思在老爸面前“献丑”。更奇怪的是，如果在外人面前练习，我反而不觉得丢脸。这的确是一种复杂且矛盾的心态。

妙的是，我妹妹也一样。她以第一名的成绩代表毕业生致辞，居然没在老爸面前演练过。你猜她找谁指导？居然是我！这回，老爸只能隔着太平洋，一边在电话里听着，一边干着急！

以全校第一名成绩毕业的小帆，在典礼上代表毕业生致辞。

气质与风采

据说古罗马有个皇帝，常派人观察那些第二天就要被送到竞技场与猛兽空手搏斗的死刑犯，看他们在死前的一夜有怎样的表现。如果发现居然有能够呼呼大睡、面不改色的人……

我相信你一定听过这么一则童话：

一个女孩子到民家投宿，自称是落难的公主。为了验证她的话，主人故意在十几层的床垫下面，偷偷放了一颗豌豆，第二天问女孩睡得如何，女孩满脸倦容地说："糟透了！虽然床够软，但总觉得下面有东西硌得我不舒服。"主人因此确定了女孩子的公主身份。

你或许也听过：

以前当土匪绑架，不能确定肉票家里的经济情况时，常送一条鱼给他吃，并偷偷观察，如果肉票由鱼头开始吃，便显示他家里有钱，可以多勒索些赎金。

再告诉你一个我的亲身经历——

有一次我到第五街的电器行买东西，店员居然一见面就说：“你必定是艺术家或工程师。”我当时一怔，问他凭什么如此判断。店员笑着说：“凭你带的笔！一个人在同一件衣服的口袋里，带两支同样的铅笔，绝对有他的道理！”

由此可知，我们不经意的小动作，或随身的佩戴、服饰，常能反映我们的生活背景。许多算命先生，并非真有洞察人过去的本事，而是凭这种敏锐的观察力，从小处来推断。

现代更有所谓行为语言的研究，从人的一举一动，来了解他心里的感觉。譬如当一个人在听你讲话时，不断用手摸自己的后颈，表示他已经不耐烦。当一个人总是将手背在身后与人交谈时，显示他有强烈的自信。相应地，也就有人根据这种分析，试着以身体的动作，暗示对方自己的感觉，或表现个人的气质与风采。

这也就是我今天要跟你讨论的——气质与风采。

这种东西非常抽象，如前面所说，它可以是计划、模仿出来的，后天陶冶出来的，也可以是先天就具有的一种气质。

据说古罗马有个皇帝，常派人观察那些第二天就要被送到竞技场与猛兽空手搏斗的死刑犯，看他们在等死的前一夜有怎样的表现。如果发现惶惶凄凄的犯人中，居然有能够呼呼大睡、面不改色的，就偷偷在第二天早上将他转移，训练成军中的斗士。

传说有个皇帝，总在接见新晋的臣子时，故意叫他们在外面等待，迟迟不予理睬，再偷偷看这些人的表现，并对那悠然自若、毫无焦躁之容的臣子刮目相看。

甚至那些养鸟的行家，在选鸟的时候，都会故意去惊吓，绝不取那稍受一点惊就振翅聒噪、乱成一团的鸟。

前面三个例子中的强者，很可能是天生就有较强的稳定性或忍耐力。但换个角度来想，如果一个人从小就受坚忍的训练，一只鸟从小就常往人群里带，是不是也可能有较佳的表现呢？

美国总统约翰·肯尼迪的父亲，为了让儿子见识世面，曾经专程带着约翰·肯尼迪飞去巴黎参加交际盛会。因为他不仅要求孩子有好的餐桌礼节，懂得与人寒暄，更希望约翰·肯尼迪有风采、有格局。所以有人说：老肯尼迪是从孩子小的时候，就训练他做总统。

或许你要说那是贵族生活，我有阶级理念。那么让我们来看看日本企业界那些平凡的职员吧——

许多日本公司，在冬天的时候，送员工到寺庙里接受守戒律的生活。受训期间，学员要忍受没有暖炉的苦寒，夜里不准躺着睡觉，坐禅时稍有不专心，就要以戒板抽打背部，且不许喊痛。也就因此，他们能忍别人所不能忍，专注于别人所不易专注，从而在国际商业舞台上有杰出的表现。这么看，后天的训练不是很管用吗？

我说这许多故事，不是教你学那公主或富家子的骄奢，而是希望你由这些例子中得知：一个人的风采、气度、格局、职业，甚至领袖气质、大将风范，常可以由小动作中表现出来。

气质与风采，除了天生的，更要靠自我的训练与充实，虽然它抽象而难以把握，却可能是你成功的要件。

刘轩的话

公主的现代课题

我一直对故事中的公主很不以为然。如果有一天我的女朋友自称公主，并且睡觉时能感觉到多层床垫下的一颗豆子，我宁可放弃这样的女生，因为她实在太难搞了！

在看这篇文章时，我认为气质与风采的确一部分取决于成长的环境，另一部分则是出自后天的陶冶。不过我要强调一点：如果气质只是娇气，反而需要训练得平易近人，而不是将贵气挂在表面；如果风采只是一种炫耀，则必须学习收敛。

演讲的艺术

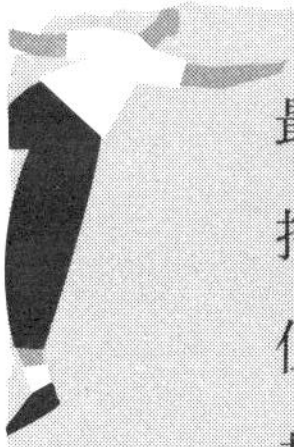

最高的技巧，在于隐藏技巧。美国著名的主持人鲍勃·霍普，虽然可能由别人撰写脚本，但是当他背得滚瓜烂熟，并再三演练之后，却能在台上给人全是即兴演出的感觉。

为了代表学校参加演讲比赛，你下午特别到我面前练习，并请我指导。但是只听你讲了一小段，我就挥手叫停，因为我发觉，你连一点演讲的基本理念和训练都没有。也可以说，你连说话的技巧都不懂，更甭说演讲了。

演讲，顾名思义，是需要演的。演的目的，则是增加讲话的力量，产生更大的煽动力。

是的！煽动力，演讲与座谈不一样，与辩论也不同，在你演讲时，听众不能立即表达意见，他们或许不赞同你的看法，但只能藏在心里。所以站在台上，你是一人独大，尽情地把自己的看法说出来。也正因此，你必须设想一切别人可能不同意的地方，并尽量鼓动能令他产生共鸣的东西，使那许多在你上台前对你毫无认识的人，能够逐渐被你引导，同意你的看法，并产生共同意识。如此说来，它不是煽动，又是什么？

但是只会演的人，如果话都说不清，怎么可能感动人？所以“讲”与“演”必须配合。也就因此，当我发现你只是像背一篇文章般地演讲时，立刻要你停止，并叫你回头去把讲稿中的关键字挑出来，以加重语气，又要求你注意该顿挫和呼吸的地方。

如同音乐，演讲也是需要换气和休止符的，它不但是换你自己的气，以免上气不接下气地愈讲愈急，也是为了让听众能换气，以消化前面听到的东西，所以绝对不能没有顿挫。至于休止，则是为了让听众能够产生企盼的想法，希望知道你下面说的是什么。譬如你说：

“华盛顿一生做事所秉持的，只有一个字，也就是爱！”

当你像是炒豆一样背到底时，是毫无力量的，因为观众还没听懂，你的话却说完了。但是如果换成：

“华盛顿一生做事所秉持的，只有一个字（停一秒钟），也就是爱！”

听众便会想知道那“一个字”是什么，而产生企盼的“凝塑状态”。它足以加强人们的注意力，也有使场面安静的效果。

相反，有一天你面对群众，又可能需要另一种效果，就是群众的欢呼和掌声。那往往是你在上台之前就可以计划好的，也就是在关键处加强音量，产生鼓动的作用，并引发如雷的掌声。它的好处，不单是增加力量，更可以使你借机会喘口气，并思考下面的语句。

所以，好的演讲家，是收放自如的——壮阔处，如率兵千万；亲切处，如促膝而谈；激昂处，如雷贯耳；低回处，如春风骀荡。他使每一个听众都觉得是在对自己说话，说出他们的心声。

好的演讲家，也是最懂得控制场面的，他知道面对广大群众和少数人，要使用不同的音量，也晓得如何说出适合听众层次的话。他可能没有极丰富的词汇和标准的发音，却能成为最具吸引力的演说家。

艺术界常说一句话:“最高的艺术在于隐藏艺术，最高的技巧在于隐藏技巧。”演讲也是如此，最好的演说家，如同美国著名的主持人鲍勃·霍普（Bob Hope），虽然可能由别人撰写脚本，但是当他背得滚瓜烂熟，并再三演练之后，却能在台上给人全是即兴演出的感觉。

记得我们在几年前看过的EVA电视剧吗？阿根廷强人贝隆（Juan Peron）的夫人，为了帮助丈夫打天下，经常对着数以千万计的群众发表演讲，人人都陶醉在她收放自如、有泪有笑的语言中，岂知那都是她请专家一个字一个字训练出来的。

最重要的是：好的演讲，就如同海顿的《惊愕交响曲》，它能使原本低落懒散的人心振作起来，使先前的敌人放下武器，甚至站到他的同一边，跟着他走。但在技巧上，它又能如同莎士比亚《恺撒》(*Julius Caesar*）剧中安东尼（Mark Antony）为恺撒辩护时一样，从群众相同的观点出发，再逐渐引导，使大家完全改变原先的想法。

所以，好的演讲家，对听众应该是诚恳而亲切的，胸怀应该是开阔而无私的，他固然可能照着脚本演出一场戏，却绝对是有血有泪，感人肺腑的一场戏。

演讲，是一门极高深的艺术！

刘轩的话

公园里的政治家

回台湾地区之前，看到新闻里访问路人，觉得当地人的口才似乎不怎么样。直到我搬回台北，才发现这里的人演讲技巧一直在进步，其中最大的推动力是：政治。

许多政论节目与造势晚会训练出一批批演讲家，同时还全面提升了民众的语言表达能力。我在搭车时，常听司机高谈阔论，连公园里泡茶的阿伯说话都很有魅力。因为这些人平时即面对许多陌生人，因此说话时很懂得如何吸引对方。

这辈子让我印象最深刻也最感动的演讲，是美国黑人民权运动领袖马丁·路德·金博士（Martin Luther King）的演讲："I have a dream..."（我有一个梦想……）这是他在华府广场对着十几万群众针对种族议题所做的演讲。直到现在，我重听这场演讲的实况录音，都还会起鸡皮疙瘩。后来仔细分析，发现金博士的演讲内容虽然不算丰富，但他懂得运用声音的抑扬顿挫，把技巧融入言谈，让你不自觉地被吸引。所以演讲想要动人，情感与内容同样重要。

打通脑里的障碍

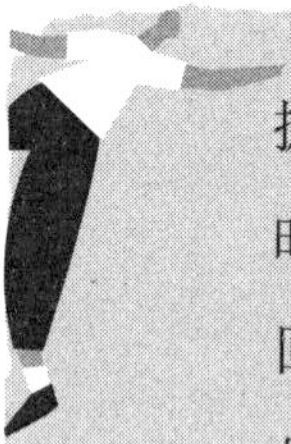

据说俄国大文豪托尔斯泰，每当灵感枯竭的时候，便会走向田间，跟农民们一起劳动，回去之后，就能灵思泉涌。相信这也是运动的效果。

当你母亲要开车去接你的时候，我说我现在打算写文章，请她转告你回家时不要到书房来打扰。但是当你蹑手蹑脚地进门后，却发现我正在煮咖啡，于是笑着问你母亲说：“爸爸真是在写作吗？”

直到我告诉你情况，你才瞪大了眼睛：

“什么？只是在妈妈出去接我的这段时间，你已经写完一千六百字的文章？”

记得我当时怎么答吗？我说：

“当我坐下的时候，就是开始写的时候。我很少坐下来才找灵感，而是在喝咖啡、种花、锄地、运土，甚至撒牛粪的时候思想。我常把无法突破的难题或等待酝酿的‘点子’，放在思想与不思想之间。也就是让它若有若无地浮在脑海里，记挂着，并不苦苦地硬去思考。妙的是常常就在劳动中，或劳动之后灵光闪动、豁然贯通。这时只要坐下来，就能运笔如飞、一挥而就。”

是什么原因，使那些难以获得的答案，或百思不得的灵感，竟能在“思想与不思想之间”突然出现呢？

是劳动！

记得我们熟识的林柏昆医生多年前曾经对我说：

“当身体获得充分的运动时，血液循环加速，肺活量扩大，血液中的带氧量增加，并把那些氧带到脑里，会使思想变得灵敏，甚至思想的格式也会改变，产生特殊的灵感与创造力，这是不运动的人难以了解，也不容易突破的！”

这几年我在自己身上充分印证了林医生的话，这也是我为什么常在你念书告一段落时，找你出去打球，或在室内射飞镖的道理。

即使你现在还没有发现，未来也一定会知道，整天守着屏幕苦思不解的电脑问题，常会在你运动之后，轻松地获得答案。相对地，那些成天不是读书、打电玩，就是守在电视机前的人，可能一辈子都无法清除脑里的障碍。

对！脑里的障碍，如同武侠小说中形容的任、督二脉，只要打通，就能顿时增加一甲子的功力。脑里有许多障碍，不是电子玩具的刺激和书呆子式的思考所能突破，唯有带着充足“氧”的血液，能够将它们一一除去。

据说，俄国大文豪，《战争与和平》《安娜·卡列尼娜》的作者托尔斯泰（1828—1910），每当灵感枯竭的时候，便会走向田间，跟农民们一起劳动，回去之后，就能灵思泉涌。相信这也是运动的效果。

适当的运动不但能使你身体健康，也能使你思想健康，并为过多的精力做出正确的导向。它使你坐着时总集中在上半身的血液，能平均地流注到全身；使你的腿与手一样有力，胸怀与脑海同样宽阔。

“坐下的时候，就是开始写的时候！”请你细细寻味我在坐下之前的种种！

刘轩的话

灵光的攫取

创作者可以分为两种，一种是在家专心打坐才能有灵感；另一种，则是必须往外跑才会有感动。我属于后者。当脑袋打结时，我喜欢上健身房，通过运动让身心放松，灵感自然涌现，也会让我的注意力集中。

每个人必须知道自己属于哪一类型，才能打破脑里的障碍，让想法更自在地发挥。

在种花、锄地、运土、撒牛粪的劳动过程中，灵感即可能突然闪动。

没有赢！

当你的左眼被打到时，右眼还得瞪得大大的，才能看清敌人，也才能有机会还手；如果右眼同时闭上，那么不但右眼也要挨拳，只怕命都难保！

你参加纽约市的演讲比赛，没能进入决赛，我和你的母亲一起去地铁车站接你，不是为了安慰，而是为了鼓励！

记得你上车时，我问你的第一句话吗？

我问："你是输了，还是没有赢？"

你当时不解地说："这有什么分别？"

我没回答，只是再问你，下礼拜在史泰登岛（Staten

Island）的另一场比赛，你还打算参加吗？

你十分坚决地说：“要！”

于是我说：“那么你今天是没有赢，而不是输了！”

一个输了的人，如果继续努力，打算赢回来，那么他今天的输，就不是真输，而是“没有赢”。相反，如果他失去了再战斗的勇气，那就是真输了！

小时候，我读海明威的《老人与海》，里面说：“英雄可以被毁灭，但是不能被击败。”当时只觉得那是一句很有哲理的话，却不太了解深层的意思。

后来我又读尼采的作品，其中有一句名言：“受苦的人，没有悲观的权利。”我也不太懂，心想，已经受苦了，为什么还要被剥夺悲观的权利呢？

直到自己经过这几十年的奋斗争战，不断地跌倒，再爬起来，才渐渐体会到那两段话的道理：

英雄的肉体可以被毁灭，但是精神和斗志不能被击败；受苦的人，因为要克服困境，所以不但不能悲观，而且要比别人更积极！

据说徒步穿过沙漠，唯一可能的办法，是等待夜晚，以最快的速度走到有荫庇的下一站；中途不论多么疲劳，也不能倒下，否则第二天烈日升起，加上沙土炙人的辐射，只有死路一条。

在冰天雪地中历险的人，也都知道，凡是在中途说“我撑不下去了，让我躺下来喘口气”的同伴，必然很快就会死亡，因为当他不再走、不再动时，他的体温迅速降低，跟着就被冻死。

记得陈光霖伯伯吗？他是个浑身是胆、充满斗志的人。他说过一段我永远不会忘记的话：

“当你的左眼被打到时，右眼还得瞪得大大的，才能看清敌人，也才能有机会还手；如果右眼同时闭上，那么不但右眼也要挨拳，只怕命都难保！”

可不是吗？在人生的战场上，我们不但要有跌倒之后再爬起来的毅力，拾起武器再战斗的勇气，而且从被击败的那一刻，就要开始下一轮的奋斗，甚至不允许自己倒下，不准许自己悲观。那么，我们就不是彻底输，只是暂时“没有赢”了！

刘轩的话

输赢摆两旁

台湾地区有个收视率非常高的歌唱比赛节目，两位实力相当的参赛者的较量真是精彩。最让我讶异的是，美国也有很多类似的节目，当中的参赛者往往彼此钩心斗角，但台湾地区的节目却没有这样的情形，参赛者间的感情反而如同好朋友，每当有人被淘汰时，总是会哭成一团。这或许是文化的不同，也让我觉得中国人真是善良而具包容力。

当大家为了荣誉而竞争时，其实根本没有输赢，就算没赢，也不代表输。这让我想起当年参加演讲比赛，总有些选手非常自傲，这时，其他参赛者就更想和他单挑，这是竞争时很容易产生的心态。不服输的态度对某些人来说，会在一对一的竞争时产生，但对另一些人而言，大型比赛更能激发潜能。最理想的境界是：大家都能学习奥林匹克的运动精神，以高尚的态度进行良性的竞争。

踏上征途

你可以清楚地听见家里其他人的鼾声和桌上嘀嗒嘀嗒的钟响。你觉得孤独了！进一步发觉，恐怕在未来的人生中，父母不可能是永远的依靠，反而是与你年龄相仿的同学，可以给你就近的帮助。

你们的学校办“大学之夜”，邀请全美国一百多所大学的代表到校，接受学生的咨询。我原本说：反正理想的学校也就是那几所，而且到进大学还有两年，不必去了！你却坚持前往，希望能了解一下各校的情况、入学的要求，以及如何申请奖学金。

有一天，你念书到深夜两点多钟，我为你切了一块蛋糕，并端了杯牛奶给你，叫你早点上床，不要每天都睡眠不足，你却说：“我也想早睡，但是没有办法，书念不完！”

于是我没再多讲，径自回房睡了。我很心疼你的辛苦，也实在想强迫你去睡觉，但是我知道我不能，因为你已经走上人生的征途，我不能代你出征，也不能把你留在羽翼之下，做个永远长不大的孩子。

最近几件事，使我发现你成熟了。成熟不能仅以年龄或生理的发育情况来论，而应该以心智的成熟为准。一个成熟的人，最基本的表现，是他关心自己的前途，也创造自己的未来，他不再什么都指望父母解决，而是有了独立思考的能力。他的思考，也不再停留在幼年时的幻想、少年时的梦想，而指向理想的实践。

我常想，什么力量可以使一个人成熟，如果说那是环境的压力，为什么又有许多人，在压力下，迟迟不能面对现实？他们那种依赖、苟且、拖延和不负责任的毛病，甚至能维持一辈子。

我也常想起，自己高中时，一直到大学“联考”的前三个月，还在写文章嘲笑“联考”制度和同学们看书的可怜相，但是就在考前一个半月，我竟然也发了疯似的用功起来。

由于日夜颠倒、用脑过度，我那一阵子甚至非得服安眠药才能睡觉，而且由起先服用四分之一颗，到后来的两三颗。我常在清晨六点多上床，晚上八九点还没能合眼，只觉得头与身体都分开了，稍稍一转头，就轰地一阵晕眩，窗外的树变得特别绿，绿得透明而刺眼，只是我仍然无法入睡。

那时你的祖母开始担心了，担心她这个独子会出毛病，常说些“何必念这么多书？还不是一辈子，做什么不都过了？大不了不考大学，又怎样？不要念了”这一类的话。

那时我的答复正跟你一样：“我也想早睡，但是没办法！”

这世上有什么会没办法呢？把书一甩，还不是过了？那么，是什么力量使我们不仅不再像少年时，常得父母督导着走，而是变得自己要强了？

从你的转变，我终于分析出来，那最少受到两个影响。第一，是身处的环境。你发现同学们闲聊的内容不再全是异性、游戏、舞会、电影、电玩，而逐渐变成：

“你打算未来进哪所学校？”

“你老头是不是供得起你念常春藤盟校？”

“你今年打不打算考PSAT（初级学业能力）倾向测验？”

“你暑假要不要进特殊的学术训练营？”

“你的课外活动成绩够不够申请进入一流大学？”

等等。

你开始紧张了！因为当人群一起拥向山头时，仍然站在山脚的人，自然会感到孤独和彷徨，所以尽管山路难走，你也会跟着大家爬上去。

至于另外一个使你成熟的原因，是最近我很少管你。你在自由支配时间的情况下，渐渐发觉不论看了多少电视，到头来还是得把功课做完；不管功课做到多晚，第二天还是得六点半起床上学；无论你多么辛苦地赶地铁，原来算着可以准时到校，那车子要误点还是误点；不管你说出多少理由，老师要算你迟到你还是迟到，别的同学也很难帮助你。

于是，你开始意识到，别人不再能帮你走前面的路。在深夜一人读书时，不再有忧心忡忡的父母坐在旁边盯着。

你可以清楚地听见家里其他人的鼾声和桌上嘀嗒嘀嗒的钟响。你觉得孤独了！进一步发觉，恐怕在未来的人生中，父母不可能是永远的依靠，反而是与你年龄相仿的同学，可以给你就近的帮助。

而同学呢？同学纷纷踏上征途了！

可不是吗？我们都是在这种大环境的带领与个人的忧患意识下突然成熟的。

快快收好你的行囊追上去吧！行囊里有我们为你准备的干粮与零用钱，还有我们的挂念。但是，年轻的你呀，我们是无法赶上你的脚步了，我们也不打算拖累你的行动。

毕竟你得自己面对眼前的坎坷与挑战啊！

刘轩的话

前方战事尤烈

这篇文章提到升学压力，其实当时我并不因为这样的压力而不快乐，相反，让我有了前进的目标。

人难免受到环境影响，我就读的高中每年都有许多学生进常春藤盟校，也因此，升学压力自然比其他学校高得多。我高一的成绩很好，但高二之后，我反而彷徨了，怀疑自己为什么每个科目都要那么用功，甚至觉得自己没有目标。直到我找到新目标，重建价值观，一切才变得充实起来。

在我的成长过程里，有些同学自小就在父母的殷殷期盼下，非上常春藤盟校不可。当时的压力已经够大了，而今，我妹妹所面对的竞争更为激烈，因为世界愈变愈小，全世界的好学生都朝这些名校挤。也许有人以为美国学生没有压力，其实，若想进入好学校，压力可是一点也不小的。

反败为胜

某“侃爷老师”上课时说：“在美国，如果有人要跳楼自杀，你绝不能去拉他，否则就是妨害自由；只有当他真跳下去时，你才能跟着跳下去，在空中拉他一把！”

傍晚，你一进门就倒在沙发上，抱着头吼：“历史期末考试考得糟透了！这次是统一命题，结果老师死命教的东西，一题也没考；他认为不重要，半段也没教过的却考了一大堆！”

当我进一步追问实际情况时，你却猛挥双手：“不要提了！不要提了！我连想都不要再想！”

而当我也冒了火，骂你为什么把在学校的气带回家里来时，你则含着泪光抬起头：“爸爸！你要知道我这个学期单单为这门历史课写的报告就有一百多页，我忙到夜里两三点，我不是不用功啊！可是却没考好！”

是的！我知道你总为历史报告找资料，忙到深更半夜，但你为什么不想想，世上没有白做的学问！你的老师或许有异于出题老师的观点，在那厚如砖头的课本里，只选择他认为重要的地方教，使你跟着他念，考砸了。但虽然这次考试没考到，学问还是在你心里啊！

或许你要讲，大多数其他老师，教的重点都差不多，只有你班上的老师特殊。那么，你为什么不想你所学到的，也正是其他班没注意到的呢？今天你失败的地方，何尝不能成为未来杰出之处？如果有一天大家谈到有关历史的东西，你把话题带到今天所学的主题上，不是就能知人所不知，而一鸣惊人了吗？

记得我在高中一年级，参加某报社举办的演讲比赛，在初赛时惊讶地发现一位强劲的对手，使用近于朗诵诗的语调和内容，而十分羡慕地回家模仿，岂知反而因为失去了自己原有的风格，模仿得又不成熟，而在决赛时只得到亚军。

我失败了吗？没有！因为这世界上可能有投资落空的事，却没有白做的学问。我在那次比赛之后，痛定思痛地钻研朗诵诗，进而阅读各种诗学的书籍，使我竟然能在大学时代，四次导演朗诵诗，参加比赛获得冠军。对于新诗的钻研，更使我得到了新诗学会的优秀青年诗人奖，甚至成为参加世界诗人大会的代表。

高中那场比赛，我是真失败了吗？我肯定地告诉你：从跌倒的地方爬起来，那可能正是你更大成功的开始！

当然，或许你要讲自己是跟错了老师，如同第一等的战士，因为跟错了将军，中了敌人的埋伏。若是如此，我就要说你不智了！因为在军队里，长官叫你往东，你不能往西，在学问的领域，却是任你驰骋的。当你发现老师用一整堂课，只是谈希特勒为什么叫希特勒，而有偏废的时候，你只好靠判断来自习了！

记得我上高三时，有一位考进台大的校友写信回母校，大胆地劝小老弟：“那些‘三民主义’受教于某‘侃爷’的同学，只好自求多福了！”

每一位受教于某“侃爷”的同学，都心知肚明，因为那位老师总在课堂上盖得昏天黑地。虽然是满堂彩，保证没人打瞌睡，大家却都知道：跟着他，大学“联考”“三民主义”准要泡汤！

你知道他侃些什么吗？当他教到“自由”时，会说：“在美国，如果有人要跳楼自杀，你绝不能去拉他，否则就是妨害自由；只有当他真跳下去时，你才能跟着跳下去，在空中拉他一把！”

问题是，这位“侃爷”，是知名的文学家，有相当不错的成就。而受教于他的同学们，“联考”也都考得不差，因为大家靠自己用功！

让我再讲个故事吧：

当我上小学五年级时，班上来了一位刚从师范学校毕业的美术老师，居然不教小朋友画图，只是把世界名画的月历挂在黑板上，命令大家写感想，评论那画的好坏。我当时已是学校里有名的“小画家”，十分不服气，就乱涂一通，结果公布成绩时，我是唯一一个被叫出去打手心的，那老师还说“看你长得瘦，少打一下”呢！

一直到小学毕业之后好几年，我都难解对这老师的痛恨，可是后来知道他离开教职，继续出国进修，成为不错的艺评家，而我，这个被打手心的，也走出了自己的艺术道路。

而今想想，谁错了呢？谁都没有错！如同你现在的历史老师，你可以不同意他，却不能否定他。因为非常的老师，往往有非常的观点，也可能有非常的成就。最重要的是，不论老师或学生，都应该有他们独立思考的能力。古人说“尽信书，不如无书”，我们也可以讲“尽信师，不如无师”！

希望你能以这次的考试作为教训，细细回想：是怎么跌倒的？是真的跌倒了吗？抑或只是成功的一种“低姿势的开始”？

刘轩的话

不争在一时

因为老师出了歪题而让我考差了，当时我真是很不高兴。感谢老爸的正面劝导，只是我觉得在只问收获的情况下，心里还是不平。

史岱文森高中有许多历史老师，学生常会挤破头去选修比较好过关的，还有一些人会以奇怪理由选择轻松的课程。当我选择那种不按牌理出牌的老师，结果在同样的科目上，别的同学轻易获得高分，但我拼死拼活却只得低分时，我怎能心平气和?

不过现在回想起来，能让自己学到额外的知识，还是比选择容易过关的课程来得更有收获。这是我在多年后才真正体悟出来的。

英雄出少年

曹植写《铜雀台赋》时不过十九岁。莫扎特写成著名的《第二十五号交响曲》时才十七岁。披头士在利物浦登台时不过是一群十六七岁的大孩子。毕加索进入蓝色时期不过二十岁！

有一天中午，我们任饭菜凉在餐桌上，坚持看完了法国网球公开赛的电视转播。当最后一局，华裔小将张德培直落三盘，以六比二赢得奖杯的时候，我们都跳了起来，因为张德培不仅代表美国赢回了失去三十四年的法国公开赛男子单打冠军，更为我们华裔争得一分信心与光荣。

“最近，我们学校里，只要是姓张的，都对洋同学吹牛说：张德培是我的兄弟！”你得意地讲，“现在更了不得，他简直取代阿加西（Andre Agassi）的地位，成为青少年的新偶像了！”

可不是嘛！以十七岁的年龄，居然能连续击败排名世界第一的伦德尔（Ivan Lendl）和排名第三的埃德伯格（Stefan Edberg），使自己的名字永久镌刻在离巴黎铁塔不远的罗兰加洛斯球场记功石上，怎能不令人惊讶又敬佩呢！

如果说在体操、溜冰和田径项目上，不到二十岁的小伙子打败如云的老将，还不算稀奇的事，因为十几岁的轻盈身躯和爆发力，是赢得那些项目的有利条件，那么对于极需要经验和技巧的网球，由一个十七岁的大孩子夺魁，就难免让专家跌破眼镜了！

在电视转播中，我们可以明显地听出，播报员对张德培前面连输两局时的负面评语，和发现张德培扭转颓势时，看风使舵的改变。

当张德培最后一局以四比二领先时，他们说：“他可能会办到呢！”

当张德培在体力上显然占优势，又以底线左右抽球，使对手疲于奔命时，播报员说：“没想到一个男孩子居然能办到！”在旁的评论员则说：“Men couldn’t but a boy can!”

“成年男人可能办不到，一个男孩子却能！”

这是一句多么耐人寻味的话啊！但我会告诉你，我早就有这种感想，因为我过去不仅一次又一次地见到杰出青少年有震惊前辈的表现，自己也曾经以十几岁的年龄，击败过二三十岁的老将。所以每当同辈的朋友说“一代不如一代，现今的年轻人，真是不行”的时候，我总会很公平地讲：长江后浪推前浪，绝不能小看那些初生之犊！

曹植写《铜雀台赋》时不过十九岁；莫扎特写成著名的《第二十五号交响曲》时才十七岁；披头士一九五八年在利物浦的俱乐部登台时，不过是一群十六七岁的大孩子；毕加索进入他著名的蓝色时期时，只是个二十岁的小伙子。

是什么力量使这些“英雄出少年”？

是因为他们虽然可能没有过人的功力，却有过人的精力；没有足够的学识，却有惊人的胆识；没有深思熟虑的计划，却有飞扬想象的创意。最重要的是：

他们是无名小卒，没有沉重的心理包袱。

这些都是成人们或已成名者所缺少的，也往往是少年制胜的本钱。

而你不就是这个年龄吗？你有体力、有冲力，是在比上一代更进步的教育方法下教出的学生，在比上一辈更优渥的环境中成长，在比以前更民主的制度下发挥，你可以自由地奔驰想象而毫无盛名之累……

问题是，你有没有像张德培一样，将你年轻的火花迸射出来？

记得我大学时，曾经在校刊上读过一篇同学的文章，文章的内容已经忘了，却一直记得那个耀眼的题目：《年轻，真好！》

请看重你自己，看重你自己的现在，取得超越前辈的成就！创造足以自豪的自己！

刘轩的话

泰格·伍兹与帕丽斯

论运动界的英雄，我想泰格·伍兹（Tiger Woods）绝对是代表人物，他以黑人身份在白人众多的高尔夫球界拿下最高荣誉，他在我心中是少年英雄的象征，聪明又有商业头脑，他是全世界收入最高的运动员。

相对地，另一个代表人物是帕丽斯·希尔顿（Paris

Hilton)，她恶名昭彰，以为有钱就可以恣意妄为，但依旧有许多人视她为偶像。

最后一个问题我想留给大家评判：你要当泰格·伍兹还是帕丽斯？

第三章 人生

太阳不拖，
月亮不拖，
星星不拖，
人生也拖不得。

西屋怪现象

过去参加西屋科学奖进入准决赛，而未获前十名的，后来有四位得到了诺贝尔奖，而当初高居西屋前十名的人，只有一位获得。

西屋科学奖揭晓了，华裔居然连一个也没有进入前十名，真是破天荒的事，不过主办人哥特博士在安慰落选者时说的一段话，倒是挺耐人寻味——

过去参加西屋科学奖进入准决赛而未获前十名的，后来有四位得到了诺贝尔奖，而当初高居西屋前十名的人，只有一位获得。

中国有句俗语，“小时了了，大未必佳”，正可以形容这个现象。因为“小时了了”往往得自家长、老师的特别指导，甚至“有力人士”的提携，硬是把一个未成熟的孩子吹捧为不得了的人才。譬如报上经常刊载某神童画展、书法展，看起来那书画也不算差，可是如果做个统计，那些神童没有几个在后来真能成为杰出的书画家。

同样的道理，每年西屋科学奖揭晓时，我都会注意那些得奖者的家庭背景，发现有不少人的父母所学与孩子的作品相关，也有不少得奖者在学校参加特别的课程，甚至连你的史岱文森高中都有“为西屋科学奖研究”（Research for Westing House）的课程，谁能说那些父母及学校课程对孩子的得奖没有帮助呢？

问题就出在这里了！那些得到西屋科学奖的人，在他们进入社会之后，是不是继续有人在后面推动他？如果他心里没有那份自行激发的力量，是不是还能有杰出的成就？

或许你要说，何以见得落在西屋科学奖前十名以外的人，就有这份冲力？那么让我再举个例子，如果今天有几个具有美术天分，又有冲力学艺术，却得不到老师指点的孩子，跟你一起参加一项可以在家画好，再送出去评审的比赛，假使你们花的时间都一样，谁比较可能获胜呢？你由于耳濡目染，加上我可能提供参考意见，当然得胜的机会大。问题是，那些输给你的人，是真不如你吗？如果你自己没有绘画的冲力，我可以打包票，他们在日后必会胜过你。

当然这样的分析，并不能完全解释前面所说的西屋现象。进入十名以内的人少，落在十名以外的人多，这在比例上的差异，也可能是造成日后得诺贝尔奖者有悬殊比例的原因。但无论如何，你应该知道一件事——

在少年时落败的人，未来成功的可能性不见得小，甚至由于前面的挫折，更激发他们的潜能，在未来出头。那些不能考进好中学的人，不一定就进不了好大学；在大学杰出的学生，也未见得能在社会上成功。

愈是民主、开放、机会均等的环境，愈能让那些有冲力、有野心、有毅力，照着自己计划执着前进的人发出灿烂的光芒。

请你统计一下今天的成绩，有多少是父母师长逼出来的？有多少得自家庭的陶铸？又有多少是由于你自己的追求？前两项得分，各乘百分之十。最后一项的分数，乘百分之八十。

你得几分？

刘轩的话

不只是通行证

为什么一定要参加西屋科学奖的竞赛？因为那时得到西屋科学奖提名的高中生，就等于获得了大学的通行证，上名校几乎不成问题。在升学压力大的地方，几乎所有亚裔学生都会报名参加这个比赛。但说实在的，要不是为了进名校，有多少人真的会对这玩意儿感兴趣？

在美国，许多亚裔学生会特别选择理工大学或医学院，多是受到家庭影响，哪里有高收入就往哪里去，很少有家庭会让小孩从事文艺活动。

我现在还是非常感谢我的父母，从小就逼着我把钢琴学好，让我后来在音乐里找到自己的热情，而且从不浇冷水。即使我现在从事的行业并非一般人认为的“铁饭碗”，但如果现在要我回答老爸的问题，起码在最后一项的分数上，我给自己高分。

点一盏灯

一个原本对邻人漠不关心的主妇，有天听见邻居孩子的哭声，又见到一股浓烟从邻人的屋里冒出来，当她冲进去将孩子抱起时，几乎身陷火海。从此，她居然对那被她救出的孩子特别关心。她说：“因为我差点为这孩子送了命！”

今夜，我为你点亮门灯，因为实在太晚了！

我知道那盏小小的灯不可能照亮你漆黑的路，但是我不由得将它点亮，告诉你家里有许多悬念的心。

是的！那是许多颗悬念的心，大家装作若无其事的样子，看电视、聊天，但是每个人的耳朵都在门外，每一双眼睛都情不自禁地向门口瞟。

直到你的脚步声在前门石阶上出现，那许多颗悬着的心才放了下来。

你说打电话时家里正占线，因为歌剧团等着你伴奏，所以没再拨；练完则急着赶车，心想不久就能到家，便也省了。

这番话听起来似乎有理，但问题是，你有没有想到亲人的悬念，可不是只悬念一下，就不再悬念了？那是一直在悬念，且愈念愈焦、愈悬愈高的！这许多颗心，竟不值得你多拨几次电话吗？

其实我不应该苛责你，因为那是许多年轻人都会犯的毛病。他们只顾自己玩，很少会为父母设想。“己所不欲，勿施于人”，对于孩子来说，他们还不是父母，当然没有所谓的“己所不欲”，也便难免将这些牵挂的痛苦施之于父母了。

记得我在你的年岁，每次读到《孝经》中“身体发肤，受之父母，不敢毁伤”和《论语》中“父母在，不远游，游必有方”，都心想说得有点过分，父母是父母，子女是子女，大家是独立的个体，也当然有自主权。

但是再看到这两句话，感觉就不同了。我相信当孔子说那句话的时候，他一定已经有了孩子，因为只有自己体验到子女受伤的痛苦和对孩子的悬念之后，才可能说出这样的话。

为什么子女爱父母，似乎总不如父母爱子女的多？因为他们对父母的牺牲与奉献，远不及父母所给予的。

你应当记得我在《点一盏心灯》那本书里讲的故事：

一个原本对邻人漠不关心的主妇，有天听见邻居孩子的哭声，又见到一股浓烟从邻人的屋里冒出来，当她冲进去将孩子抱起时，原本不大的火势突然蔓延，使她几乎身陷火海。从此，她居然对那被她救出的孩子特别关心。而当人问她原因时，她说："因为我差点为这孩子送了命！"

说实在的，如果她事先知道火势会突然变大，恐怕不敢进去救孩子。但是她既然冒了生命的危险，做出那样的牺牲，就会增加对那孩子的爱。

同样的道理，父母可以对子女做万般的牺牲与奉献，却少有子女在青少年时，就大大地回馈父母，也是因为奉献愈多的人，愈会付出爱！

所以，这世上不是被爱得愈多的人，愈懂得回报爱，反而爱得愈多的人，愈会加深地去爱！直到有一天，他自己有了子女，才知道来自父母的爱有多么伟大。

所以，今夜我点亮了门灯，希望当你在漆黑的夜色和寒冷的北风中归来时，能远远看见家门前的一盏灯。你敢说当你看到这昏黄的灯光时，没有一股温馨从心底升起吗？

我相信，当有一天你独自生活，踏过今夜这样的路，走到自己漆黑的阶前时，必定会怀念爸爸妈妈的这盏灯。

而后你结婚，寒夜归来，看见门灯正亮着，便在心里高兴地说：看！我的妻为我点了灯，她在等我呢！

而后，你有了孩子，大到可以深夜未归，你则会像我一样，为他点上门前的一盏灯！

直到那一天，你才会真正体会——

每一盏门灯后都有一颗，甚至许多颗悬念的心！

刘轩的话

光晕愈来愈温暖

为什么不打电话回家？当时我的原因有两个：一是怕被念叨，二是因为不知道何时才能回家。而且打了电话，就一定得报上准确的时间，就此给自己定了一个限制。万一届时赶不回去，岂不是罪上加罪！

后来，我妹妹高中毕业，经常要出门参加同学办的派对，也为了电话一事跟家里有些不愉快。老爸外出，便换老妈担心。我很想对她说："老妈，安啦！帮小帆点盏灯，就先去睡吧！"

老爸当年点门口那盏灯时，希望我感受到父母的悬念和苦心，但说实在的，我心中只想着：哇！还在等啊？这次要被骂惨了！

但事隔多年，现在我每年平均只回美国一次，将近二十小时的飞机，再从肯尼迪机场搭车到长岛，满身疲惫回到家门口。这时，看到那盏灯，倒是有一种说不出的温暖，跟当年的感觉完全不同了。

伯乐与九方皋

伯乐推荐九方皋去为秦穆公找千里马。三个月之后，九方皋回报：“已经找到了！是在沙丘的一匹黄色的母马！”抓来之后，却是一匹黑色的公马……

当我初抵纽约时，曾经遇到一位总是穿着笔挺白长裤、抱着名牌摄影机的人，当时他递给我一张名片，头衔十分特殊——台湾地区电视公司的星探。据说他早年确实发掘过不少人，那些人后来都成了熠熠红星。

不久之后，有朋友转告，星探见到我，立刻通知了公司，说他发现一个人，是从事新闻工作或节目主持的人才，应该立即招揽。

而他的公司主管在弄清楚是我之后笑答:“你真有眼光，只是因为久居海外，不知道这个人已经被友台重用多年了！”

说这个故事给你听的原因，不是要告诉你，我有多么杰出，而是要你知道，这世界上有一种人，非常懂得看人。具有这种才能的政治家，会被赞美为“知人善任”；具有这种才能的电影人，会被委任为“星探”；具有这种才能的养马专家，则被尊称为“伯乐”或“九方皋”。

你或许不知道谁是九方皋。据《列子》记载，当伯乐年老，秦穆公请他推荐他的孩子继续担任相马官时，伯乐回答:“我的孩子只能看出一般的好马，却认不出天下少见的千里马。只有九方皋行！”

于是秦穆公请九方皋去找千里马。三个月之后，九方皋回报:“已经找到了，是在沙丘上的一匹黄色的母马！”可是派人抓来之后，却是黑色的公马。

秦穆公很不高兴地对伯乐说:“你介绍的人真差！连马的毛色和公母都分不清，怎能认出马的好坏呢？”

伯乐居然长叹一声，赞美道:“没想到九方皋相马的技术到了如此高深的境界，这已经远远超过我，因为他看的是内里的天机与精神，而完全不在外表。九方皋相马的价值，要比千里马更宝贵呀！”

叫人把马牵来试，果然是天下少有的千里马！

听完这个故事，你有什么感想？如果世上没有九方皋和伯乐，千里马常会被埋没，它们夹在马群中吃草饮水，没有特别的训练，一生可能不过是匹普通的马。换个角度来想，如果你是千里马，是不是希望遇到伯乐和九方皋呢？

你会发现，在未来的人生路途中，随时可能见到识才的人，只是有些如同伯乐的孩子，有些是伯乐，有些则是更伟大的九方皋。他们可能是从周记作文中发掘你写作才能的老师，可能是从贺年卡几个字发现你书法潜能的学人，也可能是由你的眼神中见出你不凡器宇的长官，还可能是跟你具有同等才华的朋友与敌人。

对的！朋友与敌人！

据说剑客对阵时，即使尚未出招，由彼此眼神中，就能知道对方的功力。你会发现，有一种识才的人，他们本身并不具有与你相同的才华，只是从客观的角度察觉。另一种人则与你相当，他们用感觉，感觉你的气势，他们可能成为你的劲敌，也可能英雄惜英雄地变为你的朋友。

中国最伟大的诗人李白和杜甫，居然生在同一个时代，而且成为好朋友。李白比杜甫大十一岁，杜甫考进士落榜之后，曾离开长安，流浪了八九年，而在这时认识了李白。相信李白对杜甫这位小老弟的影响一定不小，我们也可以由杜甫《梦李白》一诗中，看出他们深厚的友谊。

美国著名的文学家庞德（Ezra Pound, 1885—1972）比海明威（Ernest Hemingway, 1899—1961）大了十四岁，海明威曾说："庞德是真正教我如何写作和如何不写的人。"海明威的文章以简练著称，不是也必然受惠于庞德的指点吗？

你会发觉一个真正"识才"的人，必定有宽大的心胸和较少的偏见，因为若不如此，他就无法像九方皋一样抛弃表面，观察到内里。

你也会发现，一个真正的人才，必然不会嫉才，因为他自己若有独到的才能与自信，又何必去嫉妒别人的才能？他反而会因为发现你的不同光彩，而乐于与你结交。即使不得不与你竞争，仿佛变成敌人，也仍然会尊重你的才能。因为你如果没有分量，又哪配做他的对手？

谈了这许多，我只是希望你：

在人生中找寻伯乐与九方皋，同时也做别人的伯乐与九方皋。最重要的是不必矫情，因为九方皋不看表面；更不可偏见，因为那样就见不到整体；更不必去嫉妒人，因为那只会显示你的才能有限、器量狭小！

愿你如杜甫遇到李白，如海明威遇见庞德！

刘轩的话

成功不必在我

我当年觉得这篇文章非常难懂，现在回头看，有意思多了。

懂不懂欣赏人才是一回事，造就人才是另一回事。我认为：如果遇到可以跟自己竞争的对手，要尊重他，甚至辅助他。

我以前担任杂志编辑时，有个朋友学历不高，但学识丰富，写作也棒，我让他进入杂志社工作。而今虽然我离开了，他还在那儿一路攀升，有很好的表现。我觉得发掘一个人的才华，然后帮助他、造就他，是非常大的乐趣与成就。

无怨无悔的爱

那个舍不得花几美元买一瓶夏威夷豆给自己的妇人，居然要花几十美元裱她的画，而且要再花一百多美元拿去配框，到最后，却是为了挂在她女儿的家中。

当我在包画的时候，你走过来问我："那是谁的作品？要寄回去裱？有好几张似乎是同一个人画的！"

我没有多答，只"嗯"了一声，因为我当时心里正不高兴，甚至可以说一边包一边在生闷气，至于生气的原因，则要从学校的课堂说起。

有一天我在教国画课时，偶然提到"Macadamia"那种好吃的夏威夷豆，学生们都啧啧地赞美，唯有一个叫玛格丽特的女学生淡淡地说：“听说那种豆子很好吃，可是太贵了，所以我没吃过！”

Macadamia，那蓝罐的豆子，不是我们家里常备的零食吗？它虽然贵，也不过几美元一瓶，甚至在台北，走过忠孝东路的食品店，我都看见成堆地摆在橱窗里，想必也已经很普遍，可是这个学生将近六十岁，居然没吃过，甚至连一颗也不曾品尝，岂不令人惊讶？

但是，你知道吗？桌上的三张画，就都是玛格丽特要裱的，那个舍不得花几美元买一瓶夏威夷豆给自己的妇人，居然要花几十美元裱她的画，而且要再花一百多美元拿去配框，到最后，却是为了挂在她女儿的家中。

“既然送画给你女儿，为什么不让她自己裱，哪里有奉送到底的道理？女儿最少也得自己配框子，表示一点诚意呀！”我当时对玛格丽特说。

“你要知道那是女儿啊！如果我不为她裱好装好，只怕她搁几年也不会挂起来。”

这三张画放在我手上两个多星期，我都没寄，一方面因为忙，一方面因为每当我看到它，就会为那个毕生奉献给子女，到现在还省吃俭用，为孩子继续付出的母亲感到不平。

如同你说的“多么令人沮丧的认知！”（What a sad realization!），她使我惊讶地认知：子女对父母，往往远不如父母对子女付出的多。

觉得父母的付出是当然，而不心存感激，是许多年轻人都有的毛病，这主要是因为在他们成长的过程中，父母始终无条件地付出。

“我饿了！”妈妈当然应该做好饭。“我累了！”父母自然领我去睡觉。“我衣服脏了！”妈妈当然要为我洗。“我有舞会，一直到深夜才能回家！”父母当然该为我守门、操心，甚至接送。

直到已经成人，“妈妈送我画”，当然也该为我裱装好。

问题是：照顾子女，固然是父母的责任，但在这同时，子女是不是也应该表示感激与体谅呢？

你或许要说，子女心里是爱父母的，也都有着感激，只是他们多半放在心里，没有表现在外。问题是，这样的有与无，有什么不同？表面说爱母亲的画，却在拿到之后束之高阁；嘴上说爱父母，却不爱惜自己的身体；表面叫父亲别太辛苦地赚钱，私底下一点也不节省；口口声声要母亲保重，接着却要妈妈做这做那。这就好比站在岸上高喊“有人溺水，救人哪”，自己却吝于伸出援手，甚至落井下石一般。

记得小时候，有一位幼年丧母的同学找我出去玩，当他看到你祖母追到门口，递给我一件毛衣时，曾感慨了好半天。我当时心想，那有什么稀奇？本来妈妈就该叮嘱孩子多穿衣服嘛！岂知那是因为我一向“有”，所以不知有的可贵，他因为没有，所以羡慕。

古人曾感怀地说“树欲静而风不止，子欲养而亲不待”。其实若不是父母早逝，孩子怎可能没有侍养双亲的机会？对父母的侍养，何必非等自己成家立业之后？幼年时代的孝顺，何尝不是侍养？

可惜子女往往只有自己当上父母，辛苦地付出之后，才感觉到做父母的不易，想回头报答，却因为自己的子女还需要照顾，而行无余力。等到孩子长大，自己有了力量，父母却已年迈辞世了。

如此说来，孝养双亲最好的机会，不是反而在少年时吗？

我们常说父母对子女的爱，是无怨无悔，不怨自己付出大部分的生命，不悔自己生育许多子女。然而，子女对父母何尝不能有“无怨无悔的爱”？不要在未来怨自己少年时无知，不要在以后悔恨没有早早地报答恩情！

再过几天就是母亲节了！让我偷偷告诉你：妈妈送孩子一张裱好的大画，能给予子女的感动，恐怕远不及孩子一张小卡片，所带给母亲的温馨！

玛格丽特和她要送给女儿的中国画。

刘轩的话

慈母多败儿

在国外，也有很多家长像中国的父母亲一样，为子女单方面默默地付出，却没尽到教导的责任，也忘了教导子女应该有相等的回馈。如同文章里省吃俭用的母亲，总在口头上说为下一代奋斗，无形中却宠坏了子女。

这类父母亲常会认为自己做了牺牲，所以对子女的要求是理所当然的；他们想以爱换爱，却反而伤害了亲子之情。我以后不想成为这样传统的父亲，为什么父母要为子女牺牲一辈子？当子女到了该独立的时候，就该让他们出去闯。每个人都是独立的个体，都可以享受自己的人生。

谁是纽约客？

作为纽约客，他决不独自穿过地下通道，而要在亮处等到有人同行，才一起穿过。他也决不单独一人坐在地铁的空车厢里或角落。也就因此，你常可以看见，地铁到了深夜时，许多人放着空的车厢不坐，而宁愿挤在一块儿。

当我结束丹维尔美术馆的工作，打算来纽约的时候，每个听说的朋友都瞪大了眼睛说：

“天哪！你怎么能离开这么闲静的弗吉尼亚，到那个强盗出没、杀人不眨眼的纽约去？纽约的人冷酷到即使你心脏病发作倒在地上，大家也都只是绕道过去，没有人理睬！”

在我抵达纽约的当天下午，一位朋友带我提着几十公斤重的大箱子，爬上数十级的台阶，到圣约翰大学后面的一户人家租房子，那房东太太只因为我问“能不能只租到暑假结束”这么一句话，不由分说就请我离开。尽管我说“如果非要以一年为期，也可以”，她却以“因为你有只住短期的想法，难保你不半途开溜”为由，拒绝了我的要求。

后来我由于兼新闻工作，常跟纽约新闻处的朋友往来，先听说那里的一位小姐在家门口遛狗时被抢劫，接着听说另一位小姐在大街上被抢颈上的金项链，由于链子太结实，几乎被拖了半条街，脖子都被勒出了血。又惊闻有一位年轻小姐，早晨上班时，被人一拳打伤了小腹。

至于我在圣约翰大学任教，一位姓朱的女同学从我的绘画班下课之后，居然在回家的公寓电梯里差点被强暴，她骗对方说：“我年龄大得可以做你妈妈。”那歹徒竟笑答：“我就喜欢！”

最可怕的是一位中国男学生，居然在学校侧门外，为了护卫女同学，被一个黑人少年开枪打中脖子，幸亏命大，子弹从比较不要紧的地方穿过。

而后是你母亲在法拉盛被人恶意割破轮胎，所幸她知道那是匪徒的伎俩，勉强开到修车厂，坚持中途不下车检查，所以能平安度过；至于我绘画班上的佩姬和柯莱特，则中了圈套，在下车查看时被抢走了皮包。

当然最令我们惊心的，要算是连着几年，当我在中国城做春节特别报道时，同一条街上都发生了枪击案。还有我们左邻被两个少年打破后窗冲进去，当着女主人，抢走许多银器，以及你与同学一起去看电影时，被人抢走了身上的现款，同学的父亲追踪匪徒，在电影院里开枪的种种。

在纽约，仅仅是身边，就发生了这许多事，把我真正磨炼成一位纽约客。

“纽约客”（New Yorker）这个名字真是取得太好了，那是一种特殊的动物。将满腔的热情藏在里面，以一种冷漠的外表、冷静的态度来面对周遭冷酷的现实。因为如果不够冷漠，就容易“人善被人欺”；不够冷静，则容易回应失当，吃大亏。

作为纽约客，知道即使迷了路，也只能不动声色地看路牌，而不可东张西望。也就因此，到陌生的地方之前，必定先看地图；如果是自己开车去，出发前就要把车门锁好，因为你不知道那地区的情况，难保没有人会在你碰到红灯停车时，突然冲上来，将冷冰冰的枪口抵住你的太阳穴。

作为纽约客，知道晚上商店打烊之后，如果在街上行走，要尽量靠着马路那侧，而不可沿着骑楼边上走，因为随时可能有人从旁边的门里伸出一只黑手，将你一把拉进去。也可能迎面走上两个人，将你挤到旁边洗劫，甚至为了避免你喊叫追逐，临走赏你一刀。至于靠马路走，如果看情况不对，还可以冲向街头拦车呼喊，或冲过马路，避开一场大祸。

作为纽约客，他决不独自穿过地下通道，而要在亮处等到有人同行，才一起穿过。他也决不单独一人坐在地铁的空车厢里或角落。也就因此，你常可以看见，地铁到了深夜时，许多人放着空的车厢不坐，而宁愿挤在一块儿。

作为纽约客，当他听到邻人家有枪声，或见到街头的凶杀场面时，不会立即冲往现场，而是打电话报警。因为他知道，当他有勇无谋地冲过去，很可能吃到另一发子弹，警察却因为没人报案而无法赶来。

作为纽约客，当他夜里听到街头枪响或有车祸的声音时，决不立刻开灯，而是从窗帘间察看，记下肇事车的牌号和歹徒的相貌穿着，成为提供线索的证人，因为他知道自己提早曝光，很可能惹来杀身之祸，更使警方失去破案的机会。

由于你深夜坐出租车回家时，没有请送你上车的同学先记下出租车的车牌号，使我不得不写这封信给你，提醒你："我们是纽约客！"同时告诉你，记下车牌的动作最好让司机看见，很可能你会因此避过一场灾祸。至于到家后，则应该立刻打电话告诉同学，以免对方担忧。

谁说纽约客无情？只是那"情"冷静地藏在里面。它避免给恶人可乘之机，决不暴虎冯河；也决不因吝于报案，而让匪徒逍遥法外。

刘轩的话

大苹果的滋味

之所以有纽约客的产生，是因为纽约是个大熔炉，全世界没有一个城市比纽约更多元化而复杂，也由于是个熔炉，所以每个种族都更需要被尊重。

纽约客之所以冷漠，是因为既要保护自己，又要与他人保持礼貌的距离。但从"9·11"事件可以看出，不论哪个种族，大家都能互相帮助。发生状况时，纽约客其实是非常团结的。

生活在纽约，除了要尊重别人，你也必须赢得别人的尊重，这是作为一个纽约客的基本原则。另外，身为纽约客还要有见怪不怪的本领，因为街头艺术家极多，他们的演出有时甚至比国家剧院里的表演更动人。在地铁站里，你的身边可能坐着一位身高两米，化着浓妆的变性人，而你完全不需惊诧，因为纽约到处是光怪陆离的人与事，而这，也是纽约能成为“大苹果”的原因。

大都会纽约，造就了一群风格独具的纽约客。

愈烧愈发

过度的工作和湿热窄小的厨房，使他两腋生满了痱子，甚至流下脓水。但二十多年后，他已经是连锁餐馆近百，营业额上千万美元的富商……

相信你已经听说，昨夜暗房里发生了“惨案”，我不小心将拍好的底片全“漏光”了！

当时在伸手不见五指的屋子里，我只记得将片夹里的片子拿出来，就匆匆忙忙地打开灯。

一盒敞着盖子的底片赫然呈现眼前，当我突然警觉，立即把灯熄灭时，我的手脚顿时冰凉了，坐在漆黑的暗房里，豆大的汗珠一颗颗从额头冒出来。我知道，虽然只是一秒钟的错误，却已经迟了，前面十几个小时的工作全在那一秒钟的灯光下报销。

但是我紧接着走回画室，将摄影机重新架好，那时已经是深夜三点钟，只是为了画册等着分色，不得不拍好，并在天亮时赶去冲洗。

我心里焦急，却又不断地提醒自己不能焦急，因为只要有一个小小的步骤出错，就会影响整个进度。

我的身体是疲惫的，却不敢对镜头打一个哈欠，因为即使是一小滴口水和手渍，也会影响摄影的品质。

我像是一架机器，以稳定的速度，来回奔走于画架、灯光、摄影机之间。奇迹般地，当我把那十八张画重新拍完的时候，居然天才微微亮。

或许前面十几个钟头架好的灯光、量好的角度、调好的光圈、整理在旁边的画作和已经熟练的技巧，是使我能缩短工作时间的原因。至于最重要的，则应该是那背水一战，非赢不可的态度，使我不再像白天拍拍停停，而能一气呵成。

当然，即使是现在，当我想起那一盒完全漏光的底片与工作，还是满怀遗憾的。问题是，谁让自己不小心呢？发生的已经发生了，补救的也已经补救了，把那失误当个教训，把前面的工作当作练习，不也可以吗？

我倒要看看那漏光是怎样的结果，所以把弄坏的底片也送去冲洗。你知道吗？当我把冲好的漏光片拿出来时，旁边其他的摄影家都笑：“漏光了！”

“你们怎么知道不是底片制作不良，而是漏光？”我故意问他们。

“因为我们都干过这种事！”大家又哄笑了起来。

这些笑的人，都是纽约的专业摄影家，他们不是也曾经抱着头，坐在暗房里手脚冰冷地流下豆大的汗珠吗？

大部分看来满盘赢的人，都可能遭遇过满盘皆输的场面；几乎每张成功的笑脸之后，都有失败的泪脸。而可以肯定的是，他们都能擦干眼泪，爬起来，继续迎向战斗，否则就是真正的输家了。

记得我十三岁那年，家里失火被夷为平地的时候，许多朋友都安慰地说：“从头来！愈烧愈发！”其后，我总是想到这句话，不懂为什么烧光了财产，反而能愈发达。难道重起的炉灶，能胜过那薪火不断的老炉老灶吗？

但是随着年龄的增长，我一次又一次地见到了这种收拾残局、重建江山的人。我曾经遇到过一位姓刘的日本侨领，当他前往日本的时候，失去了偌大的一笔家产，夫妻二人，以卖小吃为生。他们穷到只买得起一架电风扇，拿出去给顾客吹，自己则忍受着高温在后头煮面；过度的工作和湿热狭小的厨房，使他两腋生满了痱子，甚至因为两肘的摩擦，而流下脓水。

可是二十多年后，他已经是连锁餐馆近百，营业额上千万美元的富商。前半生失去的财富，不但补回，而且更多了。

我也认识一位曾经惨败的企业家，居然从卖铅笔等办公用具给他商场老友的公司做起，一步步再度站到企业界的尖峰。

当然我更看到了战后的日本和德国，从战败的兵燹中重建，居然有了仅略次于美苏的经济成就，甚至引得世人怀疑："到底是谁打输了第二次世界大战？"

我终于了解，失败所摧毁的往往只是表面的东西，如同炮火击垮的往往只是建筑物的上方，那失败者坚强的意志、建筑物地下的基础、工业家所有的技术、企业家所有的理念，是很难被摧毁的。

于是，当老工厂眷恋旧设备，而迟滞不前的时候，重起炉灶的人却能推平废墟，做全新的规划。他们是很艰苦，但是艰苦激发更强的意志与潜能。他们是面对一片空白，但这也是能让他们任意挥洒的机会。他们的昨日，是有着许多失败痛苦的记忆，但那失败正可以使他们免于重蹈覆辙。如同我十多小时工作的成果报销之后，却能以短短两个钟头补回，且做得更好！

于是那满盘皆输能算是真的输吗？那何尝不是另一段成功的开始？

在你未来的人生，可能会有同样的遭遇，希望在你心灰意冷、手脚冰凉、满头冒出豆大的汗珠时，能想到我的这段话！

刘轩的话

总是会峰回路转

老爸提到的“暗房惨案”，其实我自己也发生过好多次。而且因为使用电脑，一旦惨案发生，状况往往更为酷烈。我通常都是熬夜赶工时出问题，只因按错一个键，或误将旧档案覆盖掉新档案，而让心血瞬间泡汤。

有些人在面对这种情况时，会气得想把电脑砸了，甚至干脆不做了。但我往往很冷静，顶多骂两句脏话，就立刻重新开始，甚至会认为再做一次，一定会比上次更好。这种“重新再来”的态度可能是与生俱来的，或者是受到家庭教育的影响。

老爸老妈栽培我那么多年，一路走来，我认为自己已经具备在文明世界生存的条件。如果有一天，录音室里所有东西都毁之一炬，我当然会很伤心，但骂几句脏话后，相信又能很快地重新开始。又如果，我突然被丢在一个人生地不熟的地方，再过五年来找我，我一定还是活得好好的。我相信受过基本教育的年轻人，无论被丢在哪个文明之地，都能过得很好，只要他有“重新来过”的积极性。

说话的技巧

张大千有一次到某军阀的家里做客，一进门就说错了话，幸亏大帅当天情绪好，否则张大千的脑袋就搬家了！

我有个学生出去打工，上班第一天就被老板“刮”了，哭丧着脸跑来对我诉苦：

“当我同意别人看法时，总是说：‘对！对啊！’我已经说了二十年，对什么人都一样，从来没有人说我错。可是今天跟老板讨论问题，才说了几个‘对’，他就冒起火来，讲：‘什么对不对？跟长辈说话，要讲“是”，不要讲“对”。’”

我当时一怔，心想可不是吗？我也常对长辈讲“对”，经她这一提醒，真应该改为“是”！

说话的学问真大，有些话我们讲了半辈子，方式上有问题，却不能自知，甚至得罪了人，还弄不清是怎么回事。

你知道琳达为什么不喜欢菲比吗？因为菲比到达纽约那天，请琳达去接飞机，碰面之后琳达问：“听说你的表哥就住附近，为什么不找他就近来机场呢？”菲比说：“因为他忙！”

岂知她就这样得罪了琳达，琳达心想：哦！他忙，难道我就不忙？他的时间值钱，我的就不值钱！从那时起，就不太理菲比了。

我想菲比是无心的，得罪了老同学，自己还不知道，但是你想想，如果当时她能回答：“因为我跟你（琳达）的交情，比跟我表哥还好，巴不得一下飞机就能看到老同学！”不是要好得多吗？

国画大师张大千更对我说，他有一次因为说错话，差点招来杀身之祸。当时他应邀到一位军阀的家里做客，早就听说大帅养了一只名犬，十分喜欢狗而早就想看看那只名犬的张大千，一见到大帅，就兴奋地说：“我早就想到您家来拜望了！”

以为张大千是心仪自己，大帅得意地点头：“不客气！”

岂知张大千居然接着说：“我是为了来看你这只狗！”

张大千说他才讲完就凉了半截，匆匆忙忙告退出来，直摸自己的脖子：“幸亏大帅当天情绪好，否则脑袋就搬家了！”

我自己也说过这种容易让人多心的话。记得有一次在宴会上有人为我介绍某大学的校长，我兴奋地说：

“久仰！久仰！将来小弟如果在美国失业，一定要请您提拔！”

我说话的原意是谦虚，岂知极可能引起对方的反感：“敢情我这里是收容所？没地方要你，你才到我学校来？”所以如果有一天我真希望到那学校教书，他八成不会聘我，这不也是无心之言造成的吗？

相反，懂得讲话技巧的人，却能把一句原本并不十分中听的话，说得让人觉得舒服。譬如有一位官员，对事事请示的部属不太满意，但是他不直截了当地要大家分层负责，而改成在开会时说：

“我不是每样事情都像各位那么专精，所以今后签公文时，请大家不要问我该怎么做，而改成建议我怎么做！”

还有一位曾在外事部门任职的主官，当他要部属到他办公室时，从来不说："请你到我办公室来一趟！"而讲："我在办公室等您！"

这两个人，都是巧妙地把自己的位置，由"主位"改成"宾位"，由真正的主动变成被动的样子，当然也就容易赢得下属的好感。因为没有人不希望，觉得是自己做主而非听命办事啊！

至于最高明的，要算是那懂得既为自己"造势"，又能为对方造势的人了。我曾经听过一位派驻美国的外事工作人员，在临行酒宴上讲的一段话，真是妙极了！他说：

"大家都知道，如果没有过人之才，不可能在这个号称外事战场的纽约从事外事工作，而且一做就是十几年。而我，没有什么过人之才，凭什么能一做就是十几年呢？这道理很简单，因为我靠了你们这些朋友！"

多漂亮的话啊！不过一百字之间，连续三个转折，是既有自负，又见谦虚，最后却把一切归功于朋友，怎不令人喝彩呢？

说了这许多，如果你问我到底要怎样讲话，我真是答不上来。但研究了这么多年，我最少可以想到一个原则，就是：除了为自己想，更为对方想。要赞美，重心放在对方；

要责备，箭头先指向自己。最重要的是，当你表现自己的时候，千万别忘了别人。

因为没有一个听话的人，会希望被讲话者忽略；也没有一个忽略听众的说话者，能获得热烈的回应！

刘轩的话

语言的魔法

“说话”这件事，真是蕴藏了太多技巧。尤其当我搬回来后，发现了更多文化上的差异，例如中文里的敬语很多，不像西方较讲求口语化。

老爸在文章中提到的从主位变成宾位的说话技巧，真是很实用。因为这关乎人的心理，每个人都希望自己受到尊重。而在与别人沟通时，降低自己的位置会显得较为亲和，这点我完全同意。

从简单的英文文法变化里也可以看出端倪，以英文的“please”来说，追溯原意是法文的“s'il vous plait”，直译为“if it pleases you”（如果能让你高兴的话），这完全是主、宾之间的易位，常会为听者带来相当不同的感受。

东方人的世纪

十八个参加卡内基音乐厅音乐会的年轻人中，东方人就占了九位，而且个个表现得比西方人杰出。原因是什么？

你学钢琴这么久以来，至少参加了十几场演奏会，每一次我都推说自己忙，没去听，甚至很残酷地说：

“直到有一天你在纽约卡内基音乐厅演奏，我才会去！”

现在我终于去了，当你在第五十四届年轻音乐家系列演奏会中弹完压轴曲，获得全场最热烈的掌声时，我几乎抑制不住满眶的泪水。

孩子！请不要觉得我这个父亲要求太多，因为我知道你是个容易自满的人，只有当我把标准定得高，常常警示你“山中无大木，小草也为尊”时，你才可能求取更高的水准，所以尽管大家都说你表现得最好，我仍然要告诉你“还差得远”！甚至要说：“即使今天表现不如你的人，只怕很快也将爬到你上面，尤其是那些由亚洲专程到纽约来学音乐的学生，因为他们以全部的时间投入，而你，还只是玩票！”

确实，今天除了你终于能在卡内基音乐厅演出，令我感动，那些年轻人，更使我惊讶，他们使我坚信未来属于中国、日本和韩国人！

这种信念，是我近几年才有的。因为当我多年前回台湾地区，在中部听一个学生演奏时，发现尽管她每天练琴五六个小时，弹出来的味道却不对，想必因为东西文化隔阂，造成乐曲诠释上的问题。这使我想起有一次马友友和张万钧到家里来时，马友友曾说西方音乐界对于他出自中国家庭，却能如此深入诠释西方乐曲感到惊讶。

从那时起，我就认为毕竟东方不是西方，那思想上的差距，是很难用勤苦练习来弥补的。如同西方人学中国画，再怎么用功，总是味道不正，带了洋味！只有像马友友这种生长在西方的天才，才能有大的突破。

但是后来，你参加茱莉亚音乐学院先修班的入学考试时，我听完一位中国台湾女孩的练习后，开始改变想法。我发现东方家庭特有的严格要求，既使孩子比西方人下苦功，在技巧上杰出，更由于留学的普遍，以及生活的西化，逐渐减小了东西文化的差距。

当东方国家输入西方科技、机械文明之后，自然改变了工作的方式、管理的方法，进而影响了生活的步调和思想的模式，整个文化也就比较西化了。所以那一次在茱莉亚，我听到的不仅是流丽的音符，而且是深入的诠释。

而今天，在全部十八个年轻音乐家中，东方人居然占了九位，并且显然表现得比西方人杰出，我怎能不惊喜？他们都可能是未来世界乐坛的新秀，如同马友友一样，站到西方乐坛的巅峰啊！

这地球真是愈来愈小了！过去我们只要跟一乡、一省的人比，而今却时时可能面对全世界的挑战。甚至我这几年对西方人学中国画，也开始刮目相看，每次演讲，更强调：

“不要以为水墨画一定是中国人的天下，实在由于西方人对东方哲学的钻研愈来愈深入，在他们的作品中加入了不少东方技巧，而东方人则由于西化，在传统作品中有了西式的改变，结果是东西方愈来愈接近。如果我们不知道努力保有东方的优良传统，只怕有一天会被西方人超越！”

对的！优良的传统！就是孝悌忠信、礼义廉耻，使我们既能从西方学习到自由的学风、海阔天空的创造力，更能有超越西方的自我要求和自我完成的用功态度。你想想，拿东方人的智慧、苦功，加上西方式的创造力，未来世界的重心怎可能不移到东方？

什么是你这个在国外长大的孩子，该跟美国人看齐的，什么又是你必须保有的中国传统，相信你一定心里有个数了！

刘轩的话

“西”方主义

老爸在这篇文章里充满了大东方的理念，但老爸也常强调，别以为水墨画只有东方人能画，现在西方人也以更系统、更严谨的态度学习，效果可能比东方人好。

在求学过程中，我渐渐发现“文化”并不难，千万别觉得自己太了不起。像我在大学里选修过文言文，整堂课除了我和教授之外，几乎都是西方人。听他们解读《史记》，真把我吓一跳。所以当我们在为自己的文化感到骄傲的同时，更必须精益求精，因为外国人正在迎头赶上！

刘轩在卡内基音乐厅的钢琴演奏。

赛狠

曾经见过一个记者，偷偷用铅笔在自己皮鞋跟和前面鞋底的中间位置写下听到的数字；也见过摄影记者右手敬酒，左手却随时在调整照相机的焦距。

我在“中视”新闻部的时候，有一次随记者团南下采访，赴某单位的晚宴。席间宾主尽欢，喝得愈多，愈觉得意气相投。记者们放开了喉咙逗笑，脸红得像只大龙虾的主人，也毫无顾忌地透露许多内幕消息。

要是在平常，记者们早忙不迭地拿纸笔记下来了，那时却都醉得东倒西歪、神志不清。散席之后，还是主人特别派车，才能回到旅馆。

我因为有气喘的毛病，不敢多喝，所以是那天晚上唯一完全清醒的人。心想：只可惜我工作的电视媒体，不宜报道所听到的内幕，报社的记者们又都醉了，否则那主人酒后之言，实在可以拿来大大发挥一番。

岂知第二天早上翻开报纸，前晚主人的话竟一字不漏地上了几家大报，看名字，竟出自那些醉得连路都走不稳的记者之手。后来才知道他们在神志已经不太清楚的时候，居然还能一边胡言乱语、打打闹闹，一边偷偷记下主人所说的重点。连那最难背的数字，都咬着牙强记下来。等到一进旅馆房间，赶紧用笔写下，再冲个冷水澡，立刻拨电话回台北，把报上原来较不重要的新闻临时撤版，换上新得到的内幕消息。

“你不写，成吗？别人会写！”一位记者笑着对我说，“瞧瞧！大伙全醉了！大伙也全发了！不发的就是独漏。跑新闻，醉了也得忍着不醉，因为那就是战场啊！”

我暗说：好险！如果我是报社记者，醉了之后心想别人也醉了，而不强打着精神发新闻，岂不就要“独漏”了吗？

从那以后，我不敢低估任何人，更暗自观察每个记者的举动。我曾经见过一个记者，偷偷用铅笔在自己皮鞋跟和前面鞋底的中间位置写下听到的数字；也见过摄影记者右手敬酒，左手却随时在调整照相机的焦距，因为那时还没有自动对焦的相机，最精彩的镜头，又不是临时举起相机对焦所能抓到的。

再给你说个故事吧：

有两军交战，先头部队的长官同时接到上级指示，争取拿下一个荒废已久，却具有战略价值的碉堡。

刻不容缓，两军长官立即命令开拔，以超越急行军的速度，赶赴目的地。他们与碉堡的距离相同，他们的部队也同样疲惫，沉重的背包、沉重的武器、沉重的心情与沉重的眼皮，都告诉他们：不可能以长官命令的速度前进。

甲军的长官下令：每次停下来休息，只准十分钟，到时间立即前进，休克的人，就任他倒在路边，不必扶持也不必急救，甚至不必回头看，免得浪费体力！

乙军的长官下令：冲到底！一分钟也不准休息！为了减轻负担，除了水壶及武器，其余的东西一律扔掉，甚至连干粮也不许带，如果有敢带头停下脚步的，一律视为前线抗命，就地枪毙！

甲军出发时有三百人，到达碉堡时还剩二百人。

乙军出发时同样是三百人，到达时只剩一百人。

但是一阵枪响之后，包括长官在内，甲军全死在了碉堡附近。汩汩的鲜血染遍他们沾满泥沙与汗水的衣服，死不瞑目地望着前方，似乎不服地问："为什么？"

答案很简单：乙军早到十分钟，先架好了机枪等着。

甲军到达时，确实有二百人之多，但二百人全死了！

乙军确实只到了一百人，那一百人却活了，且因为占据这个战略要地，而获得进一步的胜利。

由于你总是说"不必紧张，别人不可能更下功夫"，使我不得不说这一番话给你听，希望你能永远记住：在人生的战场上，不要觉得自己已经拼了命，更不要怨环境对你的要求过于苛刻。而应当想想，是不是自己的对手更拼命，别人所处的环境要求更苛刻。

否则，你在拼命之后，还是可能落得惨败，而且一败涂地！

刘轩的话

下注一瞬间

我一直记得老爸文章里提到的记者本能，人在竞争之下，一定会无所不用其极。我认为在战场上是最极端的，在性命攸关的赌局下，放松一分，往往就是死。

我觉得不仅要work hard（努力学习），更要work smart（聪明地学习）。当大家朝着一个目标前进时，冷静看出捷径的人，常是最后的赢家。